【内蒙古歷史文獻叢書】之二十八

内蒙古高校人文社科中國北疆史重點研究基地　内蒙古圖書館　編

于　永　審定
蒙古勒呼　編輯

蒙古世系譜
蒙古世譜圖考
蒙古世系表

遠方出版社

圖書在版編目(C I P)數據

内蒙古歷史文獻叢書. 二十八 / 内蒙古高校人文社科中國北疆史重點研究基地, 内蒙古圖書館編. -- 呼和浩特 : 遠方出版社, 2025.4.--ISBN 978-7-5555-1670-5

Ⅰ. K292.6

中國國家版本館 CIP 數據核字第 2025TA7821 號

【内蒙古歷史文獻叢書】之二十八　蒙古世系譜
蒙古世譜圖考
蒙古世系表

編　　者　内蒙古高校人文社科中國北疆史重點研究基地
内蒙古圖書館
特邀編輯　劉成法　韓登庸
責任編輯　雲高娃
封面設計　李鳴真
出版發行　遠方出版社
社　　址　呼和浩特市烏蘭察布東路 666 號　　郵編 010010
電　　話　(0471) 2236473 總編室　2236460 發行部
經　　銷　新華書店
印　　刷　内蒙古地礦印刷廠
開　　本　710mm × 1000mm　1/16
字　　數　300 千
印　　張　23.25
版　　次　2025 年 4 月第 1 版
印　　次　2025 年 4 月第 1 次印刷
標準書號　ISBN 978-7-5555-1670-5
定　　價　80.00 元

【前　言】

人類文化是在歷史長河中創造、傳承和發展的，除了民間存留的一些傳統觀念和風習外，在歷史嬗變中存留下來的各種文獻（記録有知識的一切載體，包括石刻、紙本、音像、口碑等）和遺迹遺物（遺址和各種實物等），是其賴以保存并傳承、發展的唯一途徑。可以毫不誇張地説，如果没有文獻和遺迹遺物，我們就喪失了記憶，就没有歷史，就没有文化，就無法積纍知識，更無法把握現在，面對未來。

文獻和遺迹遺物各具獨到的價值，二者相輔相成，缺一不可。但總體而言，由於文獻藴含的信息和存世的數量遠遠多於遺迹遺物，故其作用較後者爲大。況且對遺迹遺物的調查和研究，其成果最終也以文獻的形式傳承於世。試想一下，倘若没有汗牛充棟的古代文獻存留，人類之積纍知識、傳承文明，便無從談起。不僅我們中國五千年的悠久歷史和燦爛文明無從尋覓，就連那些幸存的歷史遺迹遺物也會成爲永遠無法破解的謎。如果没有各類現實文獻的存留，不僅現實生活難以正常運行，而且會形成文化斷代，使歷史傳承成爲空話。後世子孫無法瞭解過去的時代、以往的社會，又怎能從前人的經驗中汲取營養和教訓，促使社會進步呢？由此可見，文獻是文化傳承與發展的重要基礎，是構築文化豐碑不可缺少的基石。很難想象，缺乏自身文獻的民族會是有文化的民族，缺乏自身文獻的地方會是有文化的地方。

内蒙古地區歷史悠久，但因從前經濟、文化落後，戰亂頻仍，保存下來的古舊文獻相對較少，且多散見於國内各地甚至國外。區内各圖書館、檔案館保存的古舊地方文獻，也因種種原因，不便讀者查閲和利用。有些文獻存世極少，甚至是孤本，一旦有失，後果堪虞。這種先天不足的狀况，决定了我區搜集整理地方文獻的艱難，也充分體現了其迫切性。

地方文獻的大量缺藏，給我區各項建設尤其是學術、文化建設帶來巨大的影響，也造成相當大的經濟損失和人才浪費。例如，我區最具特色的蒙古學研究雖然已有較長的歷史和相對較强的科研隊伍，但由於文獻缺乏，存在着不少研究盲點和薄弱領域；已有的許多成果亦因此而受到相當限制，經不起時間的考驗，面世不久就需要改寫或修正。與國外相比，整體上存在着明顯的差距。再如，我區的地方志編纂工作，儘管耗費巨資，付出了艱苦勞動，但由於文獻缺乏，許多重要史實缺失或訛誤，不少事業的發展脈絡不清或中斷，使志書質量頗受影響。

過去、現在與未來密不可分，傳承與發展必然相輔相成。由於地方文獻的缺乏，我們至今對自己家鄉的歷史文化還不大瞭解，已知的内容亦粗淺片面，不僅政治、社會歷史不能盡如人意，地方美術、音樂、戲劇、新聞、出版、醫藥、商業、宗教、民俗等專門史更是空白點甚多；就是對着力較多的北方游牧民族的歷史文化也是知而不多，研而不深。許多經過多年努力才具有頗深功力的學者，亦因文獻缺乏而無法盡展才華，難以獲得本該取得的學術成就，不僅自己抱恨終身，也制約了自治區的整體學術水平。

出版是保存文獻和方便社會利用的有效手段。爲了促進我區的文化發展，我們在自治區黨委宣傳部、自治區新聞出版局、遠方出版社、自治區各大圖書館及有關單位的大力支持和協助下，着手編輯并出版《内蒙古歷史文獻叢書》。歷史文獻既是以往時代的反映，就必然帶有該時代的烙印，在今天看來難免偏頗。整理出版文獻，我們本着尊重歷史、尊重原著的精神，最大限度地保留了文獻的原始風貌，以供學界研究所用。

鑒於人力、財力與學養水平的限制，我們的工作剛剛起步，迫切希望得到有識之士和社會力量的支持與幫助，共同完成此項振興文化的大業，開創我區文獻工作的新局面。

内蒙古自治區圖書館學會

二〇〇七年一月

目録

【題 解】

蒙古世系譜 未署撰者。民國二十八年(一九三九年)八月，鉛印本，線裝，一册，五卷。是書有甲戌(一九三四年)秋張爾田跋，言明此書是據鄧之誠(字文如)所藏清代博明(號西齋，一七二六年至一七七四年)《舊鈔〈蒙古世系譜〉》排印。因原書未署撰者，故後世有出自博明或盛昱(清宗室)之手的誤傳。其實是書係羅密編纂《蒙古博爾濟吉忒氏族譜》的節本，不知何人重新分卷并酌加按語。兩相比較，是書卷一首多出『謹案』一段，卷二多出『謹依』一段，卷二、卷四尾及卷三首多出『謹按』一段，卷五首多出『是册所載』一段。無羅密、博清額序，無元太宗窩闊台至元寧宗十六位皇帝(包括追謚之睿宗拖雷、裕宗真金)事迹，元太祖和元順帝的事迹亦有删削，删巴圖孟克達延汗第三子巴爾思博羅特濟農後裔喀喇沁部主拜思哈爾賽音和托郭爾坤都倫代青汗後裔事，末删巴圖孟克達延汗第八子格勒三札後裔歸清事。此外，文字亦多有出入(多詞异而意同者)。

蒙古世譜圖考 (清)羅密編纂，博清額等人增纂。清代寫本(26.5 ×21.5 厘米)，三册，内蒙古圖書館藏。是書含《蒙古博爾濟吉忒氏族譜》上下卷(羅密編纂，博清額增纂)、《蒙古世譜圖考》《令名炳然》。所稱之圖，實爲世譜表。

羅密字慎夫，蒙古博爾濟吉忒氏，喀喇沁部人，達延汗第三子巴爾思博羅特八世孫。隸滿洲正黄旗。蔭生。雍正年間從理藩院郎中歷任直隸布政使司布政使、鑲白旗蒙古副都統、鑲紅旗蒙古都統。雍正六年（一七二八年）、十二年（一七三四年）先後奉命前往庫倫地方修建廟宇、前往准噶爾諭台吉噶爾丹策零。乾隆三年（一七三八年）病休。

博清額，號慎堂，博爾濟吉忒氏，達延汗第九子格勒博羅特後裔，原烏魯特部蒙古貝勒明安的四世孫，隸滿洲正黄旗。約生於康熙末或雍正初，卒於乾隆末或嘉慶初。先後襲子爵、一等恭誠侯，皇家多羅額駙，歷任鑲黄漢軍旗副都統、廣州駐防八旗滿洲副都統等。

《蒙古博爾濟吉忒氏族譜》初成於雍正十三年（一七三五年）八月，羅密序其編纂宗旨曰：『欲述先人支派源流，以垂後祀。……爰於退食之餘，廣覽博稽，詳加考證，删繁摘要，録其次第源流，以備家乘；譯以清、漢文字，以便披覽。後之子孫，欲求先世支派原委，展閲斯編，瞭然在目。』原書以蒙古文編纂，然後譯以滿文和漢文。其蒙古文抄本有德國波恩大學海西希教授於一九五七年在威斯巴登出版之一部和内蒙古自治區社會科學院圖書館藏之一部。

乾隆四十六年（一七八一年）秋八月，博清額序稱，『有志欲述家乘』，遂將『耳之所曾聞，目之所曾見者，敢不勉續之以答羅公述譜之苦心，成自己之夙志耶？今謹按《通志》年表，凡先人職官歷任，詳注原委，使後嗣子孫，得知祖宗創業維難，子孫當思守成不易，以補羅公之不逮，亦不爲不無小補也云爾』。

《蒙古博爾濟吉忒氏族譜》係就《黄金史綱》與《元史》各帝紀删繁摘要而成，歷述印度、西藏王統史、自孛端察兒至北元林丹汗的歷史，以及達延汗諸子及其後裔、成吉思汗黄金家族其他成員及其後裔的歷史，尤詳於編纂者所出之達延汗第三子巴爾思博羅特支系和第九子格勒博羅特支系史事。一九八五年，内蒙古人民出版社出版《漢譯蒙古黄金史綱》時，將其整理標點附入。

《蒙古世譜圖考》有《元朝秘史》上世譜系、《輟耕録》元朝世系、《元史》所載世系、蒙古族譜所載世系、蒙古國主世系圖二、蒙古子姓分派圖三。

《令名炳然》内有《二等伯謚忠順明安碑》，明安子孫承襲爵位的上諭、册文，族人人物傳及博清額、德坤所作讚頌詩等。

該書『是將《博譜》與博清額家族族譜結爲一體的集合性家譜』，①存世極少，北京國家圖書館藏鈔本（五册）較内蒙古圖書館藏鈔本多出謄録有明安家族成員之封贈誥命文書十八通之一册； 其《恩榮奕葉》一册亦與内蒙古圖書館藏《令名炳然》頗有异同。

從該書世系終於第四十六世寶齡、國圖本世系終於第四十六世寶衡來看，這部『將《博譜》與博清額家族族譜結爲一體的集合性家譜』均系明安家族馬蘭泰一系的舊藏，分别出自寶齡、寶衡兩家。

蒙古世系表　克興額編製，民國二十三年（一九三四）九月南京蒙藏旬刊社出版，上海武進圖書印務局鉛印，一册。

克興額，號指南，籍貫喀喇沁右旗。 歷任國民政府委員會參事，中國國民黨第三、四届中央候補執行委員，蒙藏委員會委員兼常務委員，國民黨中央宣傳部《蒙藏周報》《蒙藏旬刊》社主任。他『精嫻蒙漢語文』，研製過蒙古文鉛字，發表過不少關於蒙藏問題的政論文章，對蒙古族的文化也有一定的貢獻。 其自述編輯目的曰：『目今蒙族之衰危，與夫外强之環迫，凡我却特後裔能勿今昔之感，故編者不揣譾陋，特

---

① 中國蒙古史學會《蒙古史研究》第七輯，内蒙古大學出版社，二〇〇三年，第四一七頁。

製以此表，與拙著蒙古列世傳相輔而行，要在希望今後蒙古人士數典驚心，相與奮勉，以期解除國難而謀所以共存共榮之道，蓋非僅以取材詳盡、藉供研究蒙古史者補助已也。』

是書除編輯大意、蒙古世系表目録外，正文有孛爾特赤那唐室韋部、達延汗、哈布圖哈薩爾、合赤温、布和畢勒格圖、札爾楚泰喀喇沁部、孛罕科布多杜爾伯特准噶爾部、翁罕土爾扈特部、格埒森札賚爾札薩克圖汗部、諾諾和三音諾顔汗部、諾諾和土謝圖汗部、鄂托歡諾顔車臣汗部。

以上三書，或係罕見珍本，有獨到之史料價值，或可反映不同時期蒙古族對朝廷或國家的看法，或有助於查考版本之流傳，故一并影印出刊，以饗閲者。

（忒莫勒　撰）

蒙古世系譜

卅四年夏承開通書社主人贈於北平

香櫞書室

蒙古世系譜 五卷

蒙古世系譜目次

據舊鈔本排印

蒙古世系譜卷一

謹案元史不載受姓之始祕史則以巴塔赤罕爲第一世卽譜內之巴泰察漢至天竺史無世系吐蕃則羌戎之類各爲部落本不相襲祕史乃元時金匱石室之藏永樂中錄入大典誠珍重之蒼狼白鹿之說久著史册此則援蒙古以入吐蕃援吐蕃以入天竺豈元初名臣大儒有所不知而後世反詳知之乎更引入釋迦益近荒渺此譜抄自喀爾喀當是西僧所附會然既有其文不能芟也釐爲第一卷以俟考仍錄巴泰察漢爲次卷之首以明世次

天竺國嘛哈薩嘛諦汗

相傳上古之時萬物無所專主嘛哈薩嘛諦汗降世導民化衆立典興文四國俱賴乂安衆共推之爲君此卽天竺國開創之君蒙古之始祖也子烏遮思庫楞嗣

烏遮思庫楞汗

子布燕圖嗣

布燕圖汗

子特特昆阿薩拉客漆呼圖克圖嗣

特特昆阿薩拉客漆呼圖克圖汗

子那買庫克阿爾灘庫爾都圖嗣

那買庫克阿爾灘庫爾都圖汗

子烏遮思庫楞圖萌衮庫爾都圖嗣

烏遮思庫楞圖萌衮庫爾都圖汗

子嘛詩烏遮思庫楞圖濟思庫爾都圖嗣

嘛詩烏遮思庫楞圖濟思庫爾都圖汗

子賽音烏遮思庫楞圖忒睦爾庫爾都圖嗣

賽音烏遮思庫楞圖忒睦爾庫爾都圖汗

子忒古思烏遮思庫楞圖嗣

忒古思烏遮思庫楞圖汗

子他爾必克齊嗣

自那買庫克阿爾灘庫爾都圖汗以下五君俱有翁噶爾洼爾帝之號顯名於時翁噶爾洼爾帝卽佛經所謂轉輪王是也

他爾必克齊汗

子他爾賓巴里克齊嗣

他爾賓巴里克齊汗

子壽尼嗣

壽尼汗

子古式嗣

古式汗

子衣克古式嗣

衣克古式汗

子賽音烏遮克齊嗣

賽音烏遮克齊汗

自汗以後傳至阿爾薩蘭烏古察圖汗生有四子長曰阿里衮衣德格圖汗次曰察漢衣德格圖三曰湯蘇克衣德格圖四曰拉詩顏衣德格圖阿里衮衣德格圖汗子二其一釋迦牟尼佛其一烏遮思庫楞圖南帝也察漢衣德格圖子二其一衣拉古克漆其一特古賽音也湯蘇克衣德格圖子二其一衣克那拉圖其一烏魯多賁達克漆也拉詩顏衣德格圖子二其一帝洼塔德其一阿難荅也釋迦牟尼佛未出家前生子曰拉呼里拉呼里亦出家爲僧無子嘛哈薩嘛諦

汗之裔於佛滅度千有餘年後在天竺國嘛噶荅地爲君之沙爾巴

汗子庫諄三搭里圖去其本國東徙至圖伯特國爲君

圖伯特國庫諄三搭里圖汗

汗爲天竺國嘛哈薩嘛諦汗之裔庫薩拉汗之孫沙爾巴汗之第二子也生而綠髮手足皆匾目之交睫也自下而上沙爾巴汗怪而惡之盛以銅匣委之恆河適有老人居於巴爾布圖伯特兩國之界者於河堤得之啓匣而視一孺子也遂育之及後成立年十六于積雪之薩穆布山四顧欲擇善地而往遷焉圖伯特國人遇之曰奚自汗以手指上示之衆驚異咸謂此子殆天之所命我國中無主盍謀奉此爲主乃負歸而立之此卽圖伯特國創始之君蒙古之世祖也子

額爾欽三搭里圖嗣

額爾欽三搭里圖汗

子恰扎爾布西巴袞三搭里圖嗣

恰扎爾布西巴袞三搭里圖汗

子愛圖爾哈阿爾拜三搭里圖嗣

愛圖爾哈阿爾拜三搭里圖汗

子庫里庫魯克噶爾波羅爾三搭里圖嗣

庫里庫魯克噶爾波羅爾三搭里圖汗

子袞蘇賓默林三搭里圖嗣

袞蘇賓默林三搭里圖汗

子大賚蘇賓阿爾灘三搭里圖嗣

大賚蘇賓阿爾灘三搭里圖汗

汗生三子長曰波羅楚次曰師保漆三曰博爾忒漆諸博爾忒漆諸

離其兩兄渡滕機思北海至浙忒之地擇善水草處駐牧浙忒人叩

所從來知爲嘛哈薩嘛諦汗之後祖父皆圖伯特之君也衆遂謀立
爲主娶妻瓜嘛拉爾生子巴泰察漢

蒙古世系譜

蒙古世系譜卷二

謹依元朝祕史以巴泰察漢爲第一世至順帝爲第二卷太祖及順帝事實有史傳所不載者存之餘帝皆見正史止誌名號雖生卒年歲胥删而不載至用漢字所譯寫之蒙古名號各本互異俱仍之以重在蒙古文也

巴泰察漢生忒默拉克忒默拉克生呼里察爾壘爾根呼里察爾壘爾根生烏哈察穆布古魯爾烏哈察穆布古魯爾生薩里噶爾昭薩里噶爾昭生衣克尼敦衣克尼敦生薩穆楚漆薩穆楚漆生哈拉楚克哈拉楚克生博爾濟機代壘爾根博爾濟機代壘爾根生都拉噶爾津巴燕都拉噶爾津巴燕生子二長曰多娑和爾次曰多波壘爾根（史作脫奔咩哩犍）多娑和爾生子四多耐多克生厄壘尼克額爾克多娑和爾沒後其四子與叔多波壘爾根不相睦流爲威勒忒巴圖忒徽忒

蒙古世系譜

克烈忒四姓焉多波壘爾根生二子布古哈他吉史作博寒噶答黑布古齊

薩爾史作博合睹撒里直多波壘爾根既沒後其妻阿倫瓜夜夢白光覆體有

娠生子曰博丹察爾孟哈克史作孛端乂兒其二子疑焉母知之告以故曰

此子想係天命使之輔助爾等耳後博丹察爾之子孫遂因博丹察

爾之名即以博爾濟根爲姓焉其九世孫超齊奇爾嘛虎後人因奇

爾嘛虎之名名其骨骨即氏族之類曰却忒博丹察爾史作渥溫奇結髮妻生哈

必漆巴圖魯史作八林昔黑剌虎衣必畜後妻擄生朱爾漆代因擄時先有孕故

異其姓云

哈必漆巴圖魯生八奇爾巴圖魯史載未八奇爾巴圖魯生嘛哈圖丹史作

咩撚篤敦嘛哈圖丹生哈齊庫魯克史載未哈齊庫魯克生海都史同海都生

拜雙合爾多克深史作拜姓忽兒拜雙合爾多克深生敦巴海塞臣史作必乃敦

敦巴海塞臣生哈卜爾汗史作葛不律寒哈卜爾汗生七子長曰額欽巴爾

思（史作巴哩丹）次曰巴爾達睦巴圖魯三曰呼圖克圖孟庫爾四曰和脫拉汗五曰呼蘭巴圖魯六曰都都根七曰哈達漢額欽巴爾思生卓里克圖朱爾根巴爾達睦巴圖魯生四子長曰孟格圖恰二曰納昏太史三曰伊蘇格巴圖魯（史作也速該）四曰達里代額齊根呼圖克圖孟庫爾生布里布庫和脫拉汗生二子長曰超齊次曰奇爾嘛虎呼蘭巴圖魯生伊克察拉伊蘇格巴圖魯生六子長曰清機思汗（史作成吉思）忒木津（史作鐵木真）次曰哈布圖哈薩爾三曰鄂楚古四曰噶楚古五曰白克忒爾六曰布庫博爾格忒

元太祖清機思汗忒木津（史作成吉思）

是時有肆虐其民者十二國泰綽忒之君曰塔爾呼代溪里爾都忒朱爾懇之君曰塞臣白溪古爾額墨爾格忒之君曰托克托白溪克雷忒（史作克列部）之君曰翁汗（史作汪罕）釵溪拉忒之君曰札木哈哈爾拉古

忒之君曰阿爾薩朗威勒忒之君曰呼圖哈白溪和里土默特之君曰布都惠達爾漢威古忒之君曰衣忒古忒酒滿（史作乃蠻）之君曰太陽他他拉之君曰墨古親搜爾圖六朱爾漆代之君曰象崇皆暴戾無道民不堪其苦是生清機思汗忒木津以次翦滅十二國有天下先是汗父伊蘇格巴圖魯欲兼併諸國其討他他爾國（史作塔塔兒）也執其主忒木津以歸至窪南河（史作斡難河）生汗因名汗曰忒木津汗生七日有玄鳥自海中出集於玄石長鳴者三晝夜伊蘇格巴圖魯知是瑞徵乃碎石得玉璽置之淨室以香燈供之玄鳥復至鳴於室上其音彷彿清機思也故以清機思爲汗號云汗生于壬午歲丙寅春秋四十有五大會諸王羣臣建九斿白旗卽位於窪南河之源納四方貢賦衆咸歸焉先是國號必達至是始號蒙古蒙古以其勤定諸國故曰蒙取居中馭外之義故曰古在位二十四年（史作二十二年）滅國四十平

西夏以己丑七月十二日崩于薩里川噶老徒之行宮羣臣奉梓宮歸葬不欲使國人知其處僅葬衣冠焉陵無考 本朝於安定門外望祭相傳眞陵在布爾漢噶爾丹之地布爾丹在哈爾哈之汗凹拉山或曰在阿爾泰汗山後怒忒汗山前地名衣克衣都克者未知孰是享壽六十有八史作六十六其第三子窩闊臺嗣

太祖生四子長曰朱漆封在天竺國爲沙徵汗次曰察哈代封葉爾克睦國爲汗三曰窩闊臺是爲太宗四曰拖雷即世祖之父

太宗窩闊臺汗

定宗庫玉克汗

憲宗孟克汗

睿宗拖雷

世祖蘇圖塞啇汗

成宗額爾濟圖帖木爾汗

裕宗眞金

武宗庫魯克海山汗

仁宗卜燕圖汗

順宗答拉嘛巴拉

英宗格根汗

泰定帝衣孫忒默爾汗

顯宗甘嘛喇

明宗拉扎巴克呼圖克圖汗

文宗圖特默爾薩拉汗

寧宗林親巴爾汗

順帝拖歡忒默爾烏哈哈圖汗

自世祖大都卽汗位以來至此百有八年汗避位出京時弘吉喇氏

哈吞倉猝遺失藏匿覆甕中爲明洪武所獲時哈吞懷娠已三月矣默祝曰彌月而產勢難留也唯天憫佑至十三月而生乃得保全後果至十三月生一子洪武以爲己子育之此即明之永樂也（後以妃姓碩爲）拖歡忒睦爾汗出塞後一年崩在位三十六年壽五十一必力克圖（史作愛猷識禮達喇）嗣明洪武謚曰順帝

謹按元太祖自宋開禧二年丙寅建國至順帝至正二十八年戊申北狩凡立國百十有二年越二年庚戌殂歷太祖太宗定宗憲宗世祖成宗武宗仁宗英宗泰定明宗文宗寧宗順帝其睿宗乃憲宗所追謚裕宗乃成宗所追謚顯宗乃泰定所追謚元史內有名有號自太祖爲成吉思皇帝其下俱稱名自世祖而後始載國語之號薛禪即塞嗔成宗曰完者篤者額爾濟圖也武宗曰曲律者庫魯克也仁宗曰普顏篤者卜燕圖也英宗曰革堅者格根也明宗曰忽都篤者

呼圖克圖也文宗曰札牙篤者拉札克呼圖克圖也譜內多載名而武宗仁宗英宗則載號按史仁宗諱愛育黎拔力八達英宗諱碩德八剌譜皆不載明宗諱史爲和世㻋與譜不同當俟考

蒙古世系譜卷三

謹案此卷所載甚詳獨年分當爲考核順帝殂于明洪武三年庚戌必立克圖汗以明年辛亥爲元年在位九年烏薩哈爾汗以庚申年立是爲洪武十三年在位十年恩克酌力克圖汗以庚午年立是爲洪武二十三年在位四年厄爾白克你古勒蘇克漆汗以甲戌年立是爲洪武二十七年在位六年袞忒默爾汗以庚辰年立是爲建文二年在位三年額爾濟忒默爾汗以乙酉年立是爲永樂二年在位八年他爾巴克汗以癸巳年立是爲永樂十一年在位五年以上年歲證以史事皆合第三卷自大衍汗立至靈丹汗殂共一百六十年

本朝天聰八年甲戌以年計之大衍汗之立當在成化十一年乙未與

靈丹汗殂於

傳記所載時事亦符惟阿台汗太松汗則不能知蓋是時蒙古爲威

勒忒所篡二汗皆部衆推奉繼統非以年相承也至譜內所載之威
勒忒獲明正統帝當在太松汗時非阿台汗時不惟太松汗時厄僧
正肆兇虐且以年計之太松汗十四年墨爾古爾格思汗一年摩倫
汗一年滿都古爾汗五年共二十一年而大衍汗立以成化十一年
乙未逆數之太松汗之立爲正統八年癸亥去己巳之變尚先六年
阿台汗已於正統年間殂矣其爲舛誤無疑至下卷末所紀總年元
史太祖元年丙寅是爲宋寧宗開禧二年至
本朝天聰八年甲戌共四百二十九年編云四百零九年亦誤
蒙古必力克圖汗
汗爲拖歡忒睦爾烏哈哈圖汗之子嗣父位撫有衆蒙古部落居之
在位九年崩弟烏薩哈爾嗣
烏薩哈爾汗

汗在位十年崩汗生三子長曰恩克酌力克圖次曰厄爾白克你古勒蘇克漆三曰哈爾古察克都楞忒睦爾歡台吉宗室長子恩克酌力克圖嗣

恩克酌力克圖汗

汗在位四年崩弟厄爾白克你古勒蘇克漆嗣

厄爾白克你古勒蘇克漆汗

汗素疑其弟哈爾古察克都楞忒睦爾歡台吉其臣威勒忒郭海太尉乘間殺之時哈爾古察克都楞忒睦爾歡台吉之妻額爾濟圖瓜必濟以其夫死於讒也每思報復而無其間一日汗往獵必濟計誘郭海太尉至其室醉以酒臥之寢所而裂其帷更自毀容亂髮亟使多克身錫拉馳報汗汗未歸而郭海太尉醒見身臥必濟所知墮計奔去及汗歸必濟愬以郭海太尉酗酒强姦弗從横肆毆辱狀汗怒

乘馬追而欲殺之太尉彎弓射汗中指汗擒斬之而解其皮以示必濟必濟刳其膏啖之曰夫仇不共戴天食其肉甘心也今幸如願我雖一婦人夫仇已報矣汗聞之知枉殺太尉賜其子巴圖拉丞相號妻以薩睦爾公主命掌四威勒忒繼而威勒忒努克漆哈什哈率兵來犯遂弒汗汗在位六年努克漆哈什哈納額爾濟圖瓜必濟爲妻未幾生一子名阿齋努克漆哈什哈育之如己子阿蘇忒部童子淮格得勒庫者爲威勒忒所虜給巴圖拉丞相厮役使負筐拾糞易其名曰阿魯克台蓋取筐名阿魯克也其後努克漆哈什哈殺巴圖拉丞相聚威勒忒會盟阿魯克台道遇自盟所歸者三人問何盟三人小之戲答曰議奉阿齋台吉即汗位以阿魯克台爲太師嬉笑而去阿魯克台既寘筐于地仰天祝曰是非若輩之言天命之矣我小人耳安望貴顯而阿齋則汗之子也天鑒此言乃南向叩首未久努克

漆哈什哈歿其子厄塞庫自稱爲汗納巴圖拉丞相妻薩睦爾公主爲妻以額爾濟圖瓜必濟及其子阿齋台吉阿蘇忒部阿魯克台俱爲奴

袞忒睦爾汗

汗爲厄爾白克你古勒蘇克漆汗之子撫集餘衆即汗位在位三年崩其弟額爾濟忒睦爾嗣

額爾濟忒睦爾汗

汗在位八年崩子他爾巴克嗣

他爾巴克汗

汗在位五年崩宗室台吉阿台嗣

阿台汗

汗爲淸機思汗第二弟哈布圖哈薩爾之後以他爾巴克汗無嗣汗

據蒙古國卽位其間威勒忒之厄塞庫篡位十一年死薩睦爾公主
念努克漆哈什哈夙仇因令額爾濟圖瓜必濟阿齋台吉阿魯克台
匿之蒙古國母家且囑之曰厄塞庫已歿威勒忒亂誓師而來會可
圖也三人至蒙古具告汗汗曰善封阿魯克台爲太師汗與阿齋台
吉阿魯克台太師統兵伐威勒忒大破之虜巴圖拉丞相子怕克木
阿魯克台太師以爲奴臥之鍋下呼爲拖懽拖懽者鍋也蓋報其曾
呼己爲阿魯克台也厥後薩睦爾公主至自威勒忒挈其子拖懽歸
拖懽卽至威勒忒謀於衆曰蒙古散亂當與報仇之時其母曰小子
勿多言辱可忍耳念前仇何爲弗聽率衆四萬來犯遂弑汗汗在位
十三年時拖懽欲自立爲汗乘伊拉斯名馬黃馬至清機思汗陵寢繞
園林數匝以刀砍壁曰咄咄清機思陵寢若是其尊顯乎余蘇泰後
不女弱也蒙古威勒忒諸臣勸阻曰已甚此聖主不特蒙古君天下

主也女當叩首謝罪求免拖懽曰余行將代彼也何以謝爲今衆蒙古皆已屬我我欲法古人君陟位之制稱汗于陵寢前設宴將成禮忽聞寢壁間矢聲籔籔然其從者見所懸矢箙中一矢搖動拖懽忽中心如焚解衣視其背則矢傷宛在回視搖動之矢扣鏃血痕狠藉也見者莫不駭異拖懽將終囑其子厄僧曰我獲罪淸機思汗神靈以致此今仇敵胥以翦除惟蒙古孟庫貝在耳女其圖之囑畢而逝孟庫貝者阿魯克台太師弟也前拖懽爲奴時阿魯克台之妻格爾阿哈念拖懽爲公主之子頗憐之一日爲其理髮孟庫貝曰與理其髮毋寧斷其吭耶拖懽銜之至是拖懽子厄僧自稱太師率蒙古威勒忒之衆伐明先擒殺孟庫貝以徇于衆兵自大同入大敗明師獲其君正統以歸付阿蘇忒阿里嘛丞相監守焉阿里嘛丞相名正統爲穆呼兒小斷配以一女名穆魯丫頭生一子名大哥子迨後正統

囘國留其子於威勒忒令阿蘇忒他爾拜他布囊鑲黃旂蒙古旂下阿達哈哈番班珠爾塞楞等卽其後也厄僧兵還下令勿洩獲正統事於其母洩者斬之乃入見母母曰女得毋獲明國之君乎厄僧詰之乃知其永奢布布庫蘇爾孫告之也怒其洩言斬布庫蘇爾孫由是蒙古威勒忒之衆莫不寒心曰厄僧太師師出斬一人師還斬一人嗜殺如此後何以堪蒙古之人咸懷舊君漸次逃去阿齋台吉生三子長曰太松台吉次曰阿巴喀爾津三曰滿都古爾至是太松台

吉卽汗位

太松汗

汗卽位後賜其弟阿巴喀爾津濟農親王號志切復仇歲修武備練兵卒養精蓄銳兄弟三人合兵伐威勒忒至明干哈拉圖遇威勒忒兵兩軍列陣各選一勇士挑戰以決勝負蒙古軍中有兀魯忒部之勇

士壽蘇忒者能快刀砍陣威勒忒軍中有卜拉忒部之勇士歸林漆者能挽强命中此兩人雖各事其主平日相得歡甚曾於宴飲間預籌曰我兩國有事必以我二人爲首柰何歸林漆曰我善用長君用短各自爲計可也已而果以此兩人挑戰壽蘇忒裹兩層堅甲以待謂歸林漆曰君遠來請先歸林漆張弓射之矢徹複甲傷膚幾墮馬乃囘刃砍歸林漆自頂直下劃然兩開兩軍合戰至晚各收軍列營威勒忒之衆懼欲謀降忒楞古斯部之阿卜都拉塞臣曰蒙古好信間言請往說之事成酬我以爵死則願善撫我妻子乃至蒙古營素知阿巴喀爾津濟農之愚也入其帳紿之曰威勒忒願專事君君若與君兄弟分我國則我國寧死于戰也濟農信之與威勒忒合將倒戈逐其兄濟農之子哈爾古察克諫曰諺有之附外者亡附親者昌敵人之言未可信不若乘其未備而襲之勿聽夜使使至威勒忒謀

定詰旦會戰汗敗走由肯忒山渡克爾倫河至都爾羅斯部遇車布登卽其所休阿爾他噶爾津哈呑之父也念休女之仇欲弑汗哈呑曰是皆我之過也彼博爾濟根氏當危迫之秋而保全之後必有利焉勿聽弑之汗在位十四年威勒忒之衆將奉阿巴喀爾津濟農稱汗號宴之具兩帳焉後帳下置陷坑掩以氈伏甲以度曲高聲爲號濟農往威勒忒請濟農之從者每兩人爲一起以次入帳犒酒未入者唯聞帳下度曲聲而濟農及侍衛七十七人旗兵六十一人皆已入陷坑矣濟農之子哈爾古察克台吉俟於外久之不聞音耗使其舅衣那克格勒往探之閴其無人唯見帳下流血因反命哈爾古察克台吉率衣那克格勒逃去威勒忒之厄僧太師率勇士三十人追之至哈爾哈山巖追及哈爾古察克台吉棄馬踞峯頂威勒忒之西爾巴克巴圖魯土爾根拔重甲由爪徑登衣那克格勒自上射之俱

顯土爾古忒部之車勒克土爾根裏三層甲挺槍而登哈爾古察克台吉射以黃牛角矢洞胸而出有聲遂仆其從者亦顯仆至夜兩人突圍而出衣那克格勒刦厄僧太師之布古拉哈布薩克奇薩里西兒哈良馬哈爾古察克台吉乘驩馬射得一麀鹿爲糧遁去念托克穆克國君朱漆之後我宗也往依之居於托克穆克阿克孟克巴顏家而使其舅衣那克格勒往威勒忒探厄僧事并訪栖栖克必濟如未適人乘隙挈之來栖栖克必濟者哈爾古察克台吉妻厄僧女也阿克孟克之弟雅克詩孟克嘗謂其兄曰吾觀哈爾克察克台吉之目非長者也宜殺之不從更妻以女一日畋獵圍逐黃羊十一哈爾古察克台吉發矢連殪其九雅克詩孟克愈忌之再合圍衆相搏獸之頃雅克詩孟克僞爲逐禽射殺之衣那克格勒奉使威勒忒道聞厄僧已稱汗號栖栖克必濟尚未適人往見必濟無計挈之歸遂返

至雅克詩孟克馬羣聞其主也見殺因殺其牧馬者而盡驅其馬投栖栖克必濟先是哈爾古察克台吉逃出時栖栖克必濟已懷孕七月其父厄僧欲令改適必濟曰吾夫尚在誓死不從厄僧無如何也及彌月生一子厄僧使阿巴布爾吉往視且囑之曰女則留之男則殺之阿巴布爾吉至欲觀其子必濟覺之拽兒體向後給之阿巴布爾吉反厄僧疑未釋令復視阿巴布爾吉之反也必濟隨以其兒易察哈爾呼拉必斯婦額退之女置寢所以待阿巴布爾吉復至啟寢視之果女也遂反命必濟往愬於曾祖母薩睦爾公主曰我父不能忘情於我子也數使探視我易以他人之女僅獲免今舅氏衣那克格勒已歸畏我父匿於我所將柰何薩睦爾公主命取其子至名之曰巴顏孟克使娑龍古斯部桑古爾代之妻哈拉克親太卜津育之語其孫厄僧曰衣那克格勒在女殺之否厄僧曰將食其肉而飲其

血也公主曰若其殺哈爾古察克而來則如之何曰誠若是則宥之
公主令衣那克格勒見厄僧曰我已殺哈爾古察克台吉截其辮髮
并其乘馬奇薩里西爾哈爲驗敢請命厄僧果宥其死而名之爲厄
劣那哈楚厄劣鷂鷹名那哈楚舅也鷂鷹性善盜物故以名之厄僧
既有蒙古國使人召壽蘇忒巴圖魯壽蘇忒從三十人來祇與十人
入公館厄僧使烏爾輝曇爾錦皆執殺之一日者威勒忒國人獲一
鷹擬議其名而未定一裸身童子至曰是烏也亘嘴闊掌銳尾垂胸
蓋他斯哈里鵬之子哈濟爾德爾白忒也其人具以言告厄僧厄僧
曰我向者捕壽蘇忒娑龍古斯部桑古爾代之妻哈拉克親太卜津
聞之藏巴顏孟克於鍋中覆以馬糞而以其所生之子示使者使者
不察去其衣將縊殺之其從者止之曰曩所見之童子目烱烱背若
兎然此非是也釋之而去太卜津謂巴顏孟克曰勢不能育女於此

行矣人或詰之則云系本威勒忒父母歿於兵我年尚幼父母之名俱不能記憶也訓畢遣去巴顏孟克途行過威勒忒之伊拉朱巴顏家叩其姓氏行將安往巴顏孟克一以太卜津所訓答之伊拉朱巴顏以爲威勒忒裔也留之且善撫焉後厄僧又聞之必欲殺之而後已薩睦爾公主怒曰女能必其成立報仇乎此子我曾孫女所出亦女甥也拖懽在決不至有今日也孫子固當若是耶厄僧默然出曰我欲絕博爾濟根氏而格於祖母將不使之聞而殺之也衣那克格勒厄劣那哈楚知之以薩睦爾公主公主欲送巴顏孟克避之蒙古國而難其人衣那克格勒厄劣那哈楚曰有威勒忒之倭格德台布者自十三歲從軍卽奮勇率先懋建勞績而厄僧不加憐愛其心不平往試之如何遂往告倭格德台布曰哈爾古察克之幼子栖栖克必濟所生也厄僧將謀殺之公主欲送之蒙古而難其人女欲建大

功盡請于公主而送之將世世子孫皆爲蒙古之元勛不僅及身而已也倭格德台布往見公主請行公主大悅遂遣倭格德台布及蒙古哈拉克親部之博雷太師薩爾他古爾部之巴顏代墨爾根功嵇拉忒部之厄塞雷台布等從巴顏孟克逃去厄僧聞之使阿巴布爾吉衣那克格勒厄劣那哈楚等追之未及阿巴布爾吉以其所乘之赭黑良馬與衣那克格勒厄劣那哈楚曰女乘此速追之能奪之歸土地人口并壯馬之羣非敢愛也以酬女衣那克格勒厄劣那哈楚遂行倭格德台布等見追者至棄巴顏孟克而奔衣那克格勒厄劣那哈楚掣之馬上追及倭格德台布等還之曰此子而可棄也女等何爲而去乎故爲對射狀而去衣那克格勒厄劣那哈楚俟其後隊追至指地下遺矢示之衆遂不疑而反倭格德台布等逃至無量漢之呼圖克少師處呼圖克少師曰此子暫止我所我將歸其宗族焉

及巴顏孟克成立呼圖克少師以其女克爾妻之其後威勒忒右營之阿拉克忒睦爾丞相左營之哈灘忒睦爾請于厄僧曰君今已正汗位太師之號當以見賜厄僧曰意欲得此乎賜吾兒矣二人出曰破蒙古卽汗位微我兩人之才勇與阿布都塞臣之智不及此將唯女父子獨享之乎糾兵攻之厄僧逃去妻子資蓄俱被虜厄僧孤身忍飢逃竄過布庫蘇爾孫之家求飲解渴布庫蘇爾孫之妻謂其子曰此子舉動似厄僧父仇也女其圖之其子布袞等兄弟九人執殺厄僧以其骸骨暴于枯魁漢嶺之樹

墨爾古爾格思汗

汗太松之子薩睦爾太后所生七歲卽汗位薩睦爾太后欲復仇征威勒忒國合馬步牛隊爲一軍太后親佩刀汗時方幼以匱載之而繫於駝上軍行至枯魁扎布堪地與威勒忒戰敗其衆虜獲甚多因

汗繫於駝故號曰烏克克圖汗師還方在安撫蒙古國事之際噶初古之後七土默特部多和倫台吉弒汗在位一年

摩倫汗

汗太松汗之子先被出阿爾他噶爾津哈吞所生也哈吞出時汗甫三歲隨母歸及外祖車布登死居郭爾羅斯部之庫布齊爾家給使令之役適其部落疫灾流行命卜之卜者曰其有干於博爾濟根氏歟衆是其言令克穆齊古忒部之他哈太台吉郭爾羅斯部之摩羅代送至毛禮海王所毛禮海王者布庫博爾格太之後素有功于蒙古者也其屬下之大臣咸欲尊之以爲汗毛禮海王不可及汗至卽以其所乘之魁蘇圖黄馬與之乘而加金項於其冠引之至清機思汗陵寢前叩首卽汗位其後鄂爾多斯部之孟克和拖布哈譖于汗曰毛禮海王將謀叛兵卽至矣汗勿聽使往驗之毛海禮王方行圍

使者見所揚之塵誤以爲兵復命汗率兵迎戰而孟克和拖布哈先密馳報毛禮海王曰汗欲殺女而併女國兵已發毛禮海王初猶未信及登高望之果然乃仰天奠酒呼太祖汗而祝曰臣於聖裔可謂盡心今聖裔反欲殺臣我兩人孰是孰非神靈昭鑒祝畢叩首被鎧上馬念衆寡不敵分兵三百與其弟扎爾古漆伏左右而親與汗戰伏發汗敗北被弑在位二年博爾博克部之巴顏額爾伯格爾從戰被擒衆將斬之毛禮海王曰爲主盡力良臣也善遇之安必不盡力於我乎釋之巴顏額爾伯格爾卽于汗死所以所佩刀起土瘞之蒙庫爾德哈呑哭曰惜哉大業廢墜非讒人孟克和拖布哈詎至此乎毛禮海王聞之亦爲惋惜乃執孟克和拖布哈斷其舌而殺之

滿都古爾汗

汗阿齋台吉之第三子太松汗之異母弟也先是太松汗阿巴嚕爾

津濟農遇害時汗居阿蘇忒山摩倫汗被弒無嗣汗屬下大臣俱以舍汗無人嗣位固請允之卽位於哈忒呼蘭泰山汗有二女一爲博羅克親公主適威勒忒伯爾格僧一爲厄式格公主適蒙古車庫忒部之和碩他卜囊汗爲其兄之子塈爾古爾格思汗復仇發兵征七土默特之多和倫台吉殺之盡收其衆時無量漢之呼圖克少師送巴顏孟克幷其從四人至汗大悅封巴顏孟克爲博爾呼濟農號以繼博爾濟根之祀汗又爲摩倫汗復仇征毛禮海王使吳魯忒部壽蘇忒之子烏納博羅忒追至烏爾灰之野先獲其子弟七人梟首以徇因名其地爲多羅忒拖羅海毛禮海王孤身竄至空圭扎布堪山峪結茅以居烏納博羅忒追獲殺之是時汗撫有六萬蒙古與巴顏孟克博爾呼濟農共治其國焉有洪和賴者譖於汗曰巴顏孟克博爾呼濟農欲弒汗而娶衣克哈巴爾圖中根哈屯汗不聽使人告濟

農大驚曰讒言出自誰口是可誅也使者反命汗怒斷洪和賴之舌殺之厥後永奢布之伊思滿太師亦讒人也謂汗曰惜乎枉殺洪和賴其言也信復往告濟農曰洪和賴之禍發矣汗將殺女濟農疑之伊思滿太師曰探汝之使行卽至矣猶不之信耶出使者適至濟農疑其探己也對使語頗不遜遣之去汗聞而大怒令伊思滿太師盡收其家巴顏孟克博爾呼濟農逃至其姑博羅克親公主處公主匿之祕不使其夫伯格爾僧知微以言探之其夫語甚嚴厲言之恐遇害遣去濟農行至永奢布界遣從者往探音問竚立俟之遇克列察漢式穆爾孟克哈拉巴太欲得濟農金帶不與遂殺之濟農有子曰巴圖孟克與巴爾哈津部之巴海育之及滿都古爾汗在位五年崩無嗣巴圖孟克卽位

蒙古世系譜卷四

巴圖孟克大衍汗

汗自幼育於巴海家有失調護得痞疾湯古忒圖勒格爾之子忒睦爾哈達克等昆弟七人謂巴海曰此子宜善撫之否則與我勿與奪之去忒睦爾哈達克之妻鄂云達爾日以銀盌盛駝乳摩其患處至銀盌穿痞下如萍者七枚始愈後即位欲報先世之仇征威勒忒國步卒牛軍先三日啟行汗同滿都海賽音哈吞親統騎兵使克式克滕部之阿來通開道至忒思布爾都之地與威勒忒戰大勝之服其四萬威勒忒下令威勒忒國將領嗣後房舍不得稱殿稱宅冠纓不得過四指居常許跪不許坐食肉許嚙不許割改烏蘇克(奶酸)之名爲扯格其部衆以食肉用刀跪請許之餘悉如令威勒忒至今猶奉行焉兵還命郭爾羅斯部托和齊少師等將兵征伊思滿太師即前此

滿都古爾汗前讒害巴顏孟克博爾呼濟農者也托和齊少師誅伊
思滿太師而納其妻郭羅代爲滿都海賽音哈吞初生圖魯博羅忒
烏魯思博羅忒次生巴爾思博羅忒阿爾思博羅忒次生鄂齊爾博
羅忒阿爾楚博羅忒最後生阿爾博忒及圖魯爾圖公主皆孿生焉
汗又娶無量漢呼圖克少師之孫女蘇睦爾哈吞生格勒三扎格勒
娶威勒忒孟格里阿噶爾吉之女庫綏哈吞生噶魯帝台吉五巴三
察青台吉共十一男一女汗仇讎皆已討滅大賚勛臣皆賜以代達
爾漢之號焉右翼鄂爾多斯圖捫哈拉克灘部之拜音珠呼爾達爾
漢永奢布布列雅忒之朱爾噶代墨爾根土默特毛明安之多和倫
阿噶爾古三大臣請於諸王子中封一濟農出鎮三藩汗封次子烏
魯思博羅忒濟農掌右翼之三萬衆時永奢布之義巴來太師鄂爾
多斯部之滿都賴阿噶爾古謀曰封一主至則我等不克自主矣乘

此殺之便謀定使式包沁部之必爾珠嘛爾伺隙圖之烏魯思博羅
忒至循濟農受封故事詣清機思汗寢廟行禮未至而必爾珠嘛爾
伺於塗冒指其所乘馬爲己馬執靮阻行烏魯思博羅忒以刃加其
首曰汝未終語而義巴來太師滿都賴阿噶爾古郎怒曰女甫至郎
傷及無辜自茲以往我族應無遺類矣羣起攻之拜音珠呼爾達爾
漢止之曰請於汗而封之及其來而殺之蔑視其君理乎狀君之子
必有天刑弗聽環甲率兵至一人當先烏魯思博羅忒擊倒之轉戰
問叛兵大至烏魯思博羅忒中箭死汗聞震怒統大兵自翁袞進勦
義巴來太師等率右翼三萬之兵抗敵戰於達蘭圖魯鄂爾多斯之
拜音珠呼爾達爾漢等七人來歸助戰汗之第三子巴爾思博羅忒
從勇士四千人自土默特軍中突圍出復從鄂爾多斯軍後掩殺而
入鄂爾多斯之孟克圖克齊引其青纛來降巴爾思博羅忒遂偃大

蠹反豎青蠹於軍誘之鄂爾多斯咸至盡殪其衆永奢布之衆殺降
過半逃者追至青海收服之追殺滿都賴阿噶爾古猜達摩追殺義
巴來太師於哈密城右翼三萬皆平巴爾思博羅忒行間懋建奇勛
封濟農命撫右翼後無量漢之格塞丞相哈拉呼拉又叛汗復親勦
滅之乃以無量漢之衆分附于衆部落而滅其所有圖們之名于是
治定功成修明國政與衆部落同我太平汗在位七十四年壽八十
而崩長子圖魯博羅忒先卒長孫鉢帝阿拉克卽汗位次子烏魯思
博羅忒無嗣三子巴爾思博羅忒封濟農掌右翼三萬衆四子阿爾
思博羅忒掌七土默特五子鄂爾濟博羅忒掌察哈爾之八克式克
滕六子阿爾楚博羅忒掌五喀爾喀七子阿爾博忒掌察哈爾之鄂
齊忒八子格勒三扎掌北七翁來爾喀爾喀九子格勒掌察哈爾敖
漢柰曼十子噶魯帝台吉無後十一子五巴三察青台吉掌阿蘇忒

永奢布圖魯爾圖公主適扎魯特部伯蘇忒達爾漢他卜囊

缽帝阿拉克汗

汗爲巴圖孟克太衍汗之長孫圖魯博羅忒之子卽位後科爾沁之巴圖魯摩羅釵告汗曰右翼三萬暴虐性成盍討滅之以其所屬分附左翼三萬汗從之將發兵母察哈章太后止之曰不可昔伊祖大衍汗征右翼三萬于達蘭圖魯時科爾沁之烏魯圖海王奏曰此三萬之衆羣居萃處後世必爲子孫憂請以察哈爾鄂爾多斯兩國彙居一所而以永奢市分居科爾沁以十二土默特分攝十二喀爾喀伊祖曰殺我烏爾思博羅忒者義巴來太師滿都賴阿噶爾古也誅之可耳右翼三萬之衆何與焉悉宥之昔四十萬蒙古所存唯此六萬耳今若毀之何恃以立國祖有明訓而違之是廢先人之業也且吾聞之巴爾思博羅忒長子袞必力克庫壘力壘爾根哈拉濟農之

子布揚古里都拉爾代清遇敵勇往不俟衆甲萬夫不能當墨爾根哈拉濟農之二弟阿爾灘之子僧哥都楞忒睦爾能躍駝峯而上墨爾根哈拉濟農之孫呼圖克台塞臣台吉知未來事博爾根代棚台吉從狐射其尾次第皆中其弟卜爾帥哈灘巴圖魯累鐵鍬三重射之沒羽其技能如此能必其可滅乎茍滅之不能如國事何汗從母言兵止在位四年崩子他賚孫嗣

他賚孫闊通汗

汗卽位後王道恢宏人民安輯往謁清機思汗寢廟與右翼三萬講信修睦囘時巴爾思博羅忒之次子阿爾灘迎之請於汗曰列祖受命以來輔弼之臣皆封以矢韜之尊號臣仰蒙聖眷得以此號寵賜將竭力以圖報也允之時阿爾灘居歸化城自稱格根汗兵車四出虜威勒忒國投收圖伯特國東界阿摩力西賴古爾部屢入明邊界

掠其郡縣明隆慶歲輸金帛稱遂王汗在位八年崩子圖們嗣

圖們扎薩克圖汗

汗尊信噶爾嘛喇嘛佛教政教並行掠明邊朱爾漆忒納里古忒搭吉古爾威納貢賦臣服在位三十五年崩子布衍嗣

布衍塞臣汗

汗安撫部衆治理平康威勒忒送玉璽至先世所失物也在位十一年崩孫靈丹嗣

靈丹呼圖克圖汗

汗布衍塞臣汗之長孫莽古思墨爾根台吉之子也自巴圖孟克大衍汗以來國家昇平日久汗廢弛政事恣肆欺陵宗族撓亂四國率其傾國之衆親征圖伯特西行至西拉他拉歿在位三十一年

自清機思汗至靈丹呼圖克圖汗凡三十二汗二十二世四百零九

年

靈丹呼圖克圖汗之蘇台哈吞囊哈吞挈其子額遮洪郭爾阿卜迺

台吉迤邐歸國至阿爾灘厄墨格爾之地駐焉次日啟行時欲奉嘛

哈噶拉佛懸于駝忽爾沉重不能舉兩哈吞向佛頂禮而祝曰自我

祖宗以來敬謹奉佛今我等當危急之際適所從伎佛慈悲指示去

向詰旦視之佛忽面東蓋平日皆向南也哈吞等曰東行吉至拖里

莽堪遇

太宗皇帝欽命領兵招安之四大臣哈吞等投降奉傳國璽幷嘛哈噶拉佛

進之

太宗皇帝命建黃寺於

盛京佛仍東向供奉焉封額遮洪郭爾親王尚

國長公主無嗣阿卜迺台吉亦封親王尙公主生卜爾尼羅卜藏㞐察哈

爾後叛征滅靈丹呼圖克圖汗之後自此遂亡
謹按烏哈哈圖汗者惠宗也順帝乃明太祖追謚者本國則稱惠宗
朱竹垞書高麗史後庚申遁走之後高麗間猶通使稱爲北元北元
主洪武庚戌四月殂國人追謚曰惠宗必里克圖汗者哲宗也按譜
惠宗殂次子哲宗繼立是卽愛育識里達臘改元宣光洪武十一年
六月殂傳位脫古斯帖木兒改元天元譜中之烏薩哈爾汗也恩克
酌力克圖汗譯言昭宗也卒傳位於額爾必克尼古爾蘇克溙汗額
爾必克尼古爾蘇克溙汗卒傳位於昆特默爾汗明史則謂脫古思
帖木兒卒傳至坤帖木兒咸被弑朔漠圖謂建文三年嗣位者爲烏
爾哲特鄂爾汗是卽本雅失里爲臣下所迎立者景泰間脫歡子也
先立麻爾可兒卽鄂爾古爾格思又稱麻爾可兒殂立其子馬爾可
兒吉思此卽摩倫汗明人誤襲其兄之名耳二主皆立以童年明人

乃有小王子之稱嗣世遂以爲號明史孝宗元年夏小王子奉書求貢此小王子卽大衍汗一統志所記之歹顏可汗也明史載卜赤爲俺達吉囊伯父之子乃卷中鉢帝汗之訛打來孫汗亦見于明史因厭兵自歸化城徙帳遼東邊外始立察哈爾之號靈丹呼圖克圖汗明史所載之萬曆四十一年入寇之插漢虎敦兎也以上皆譜所未載故補誌於末

蒙古世系譜卷五

是册所載多不詳備蓋當時祇記所已知者亦不能無舛誤續獲譜牒當補訂附入

今蒙古中烏朱穆秦兩旗蒿齊忒兩旗蘇尼特兩旗之王台吉敖漢之一等台吉彭蘇克拉錫及鑲黃旗查哈爾台吉內大臣壽詩忒閒散內大臣阿猷正白旗精奇尼哈番閒散內大臣綽爾濟鑲藍旗之圖巴輕車都尉索諾木等皆巴圖孟克大衍汗長子圖魯博羅忒之後鄂爾多斯六旗王台吉土默特貝子哈穆哈巴雅思呼郎圖一旗歸化城土默特台吉諾爾布根都拉式等及喀喇沁漢阿海布衍阿海阿拜諾音黃旗喀喇沁貝勒拉式奇布額駙鑲紅旗喀喇沁貝勒必拉錫額駙精奇尼哈番必力克南諦烏爾圖那蘇圖正藍旗喀喇沁貝勒代達爾漢布爾噶都額駙貝子卓爾璧頭等伯副都統索諾穆拉

錫副都統巴雅爾圖索諾木都統羅密副都統關保精奇尼哈番副
都統濟常鑲藍旗副都統班第等皆巴圖孟克大衍汗第三子巴爾
思博羅忒濟農之後
克西克騰一旗台吉噶爾弼等皆巴圖孟克大衍汗第五子鄂爾濟博
羅忒之後
巴林兩旗扎魯特兩旗敖漢一旗柰曼一旗王台吉公吉拉巴有忒之
台吉等及鑲黃旗尚書阿拉尼侍郎綽克圖內大臣步軍統領阿齊
圖正黃旗公噶爾薩伯四哥都統查克丹等皆巴圖孟克大衍汗第
六子阿爾楚博羅忒之後
喀爾喀三汗王台吉等皆巴圖孟克大衍汗第八子格勒三扎之後
烏魯特之隆諸音正黃旗侯馬蘭泰都統圖拉正藍旗伯黑達色杭州
將軍查穆洋西安將軍宗查布禮部侍郎羅占刑部侍郎劉詳等皆

巴圖孟克大衍汗第九子格勒之後
科爾沁十旗阿祿科爾沁一旗吳喇忒三旗毛明安一旗四子部落一
旗王台吉等皆清機思汗第二弟哈布圖哈薩爾之後
庫爾魯忒部落之主清機思汗第三弟鄂楚古之後
翁牛特兩旗王台吉等哈拉齊里克公索諾木等及鑲黃旗都察院副
都御史多爾濟達爾漢諾音正白旗內大臣塞爾格克和少齊等皆
清機思汗第四弟噶楚古之後
阿巴噶兩旗阿巴噶那爾兩旗王台吉等皆清機思汗第六弟布庫博
爾格忒之後
巴圖孟克大衍汗第三子巴爾思博羅忒濟農生七子長子袞必力克
庫壘力壘爾根哈拉濟農在鄂爾多斯部落爲主其後卽鄂爾多斯
六旗王台吉也

二子阿爾灘格根汗在土默特部落爲主其後土默特貝子哈穆哈巴雅思呼節圖及歸化城土默特台吉諾爾布根都爾詩等是也

三子拜思哈爾賽音和托郭爾坤都倫代清汗在喀喇沁部落爲主其後喀喇沁之漢阿海布衍阿海阿拜諾音台吉等是也

喀喇沁國其名有三其汗之子孫台吉等則爲西拉努忒喀喇沁其故舊及官員之子孫爲博羅努力喀喇沁其各處歸降之蒙古漢人則

爲哈忒努忒喀喇沁

四子拉布克諾音在倭格新部落爲主

五子和濟格爾諾音

六子捺林諾音在察罕他他爾部落爲主

七子博濟達諾音在永奢布部落爲主其後現居哈爾哈之地

巴圖孟克大衍汗第八子格勒三扎生七子分居哈爾哈部落故稱七

旗哈爾哈

長子阿海達式爾漢歡台吉之後查薩克圖汗策旺扎布勒博貝諾爾布班第噶爾桑等是也

二子諾音代哈灘巴圖爾之後王彭蘇克拉布灘公明珠爾等是也

三子諾和努呼魏徵諾音之後凡四支一爲阿巴太圖奢圖賽音汗之後遮卜尊旦巴呼圖克圖汗望查爾多爾濟四額駙王敦多布多爾濟王丹津多爾濟貝勒車卜登扯摩初克那摩扎爾等一爲阿布呼墨爾根諾音之後達爾漢親王諾綏墨爾根濟農王古魯式奇布等一爲賽音諾音之孫親王善巴代親六額駙王策靈王坤都倫博碩克圖袞布等一爲庫庫撓爾綽克圖汗之孫公阿努力等是也

四子阿敏都拉爾諾音之後扯臣汗車卜登班珠爾王台吉等是也

五子賚達台吉無後

六子德爾登坤都倫之後貝勒班弟璘親拉登查布等是也

七子塞摩貝嫣之後公通摩克等是也

文如居士示我博西齋舊鈔蒙古世系譜取以與蒙古源流相校無大出入
惟十二强汗之名此書獨具今畧釋之一泰綽忒之君塔爾呼代泰綽忒卽
泰亦赤兀惕塔爾呼代其酋塔兒忽台也二溪里爾都忒朱爾懇之君塞臣
白溪朱爾懇卽主兒乞一作月兒斤塞臣白溪薛徹別乞溪里爾都忒拉施
特書所稱莎兒哈禿月兒乞也三古爾頌壘爾格忒之君托克托白溪古爾
頌卽朶兒奔壘爾格忒蔑兒乞托克托白溪則部長脫黑脫拉施特書之托
克塔別乞蔑兒乞三種而此則作四也四克雷忒之君翁汗五欽溪拉忒之
君扎木哈欽溪拉特卽札只剌氏也六哈爾拉古忒之君阿爾薩朗合爾魯
兀惕阿兒思蘭汗也七威勒忒之君呼圖哈白溪威勒忒卽衛剌特呼圖哈
白溪則拉施特書衛剌特酋忽都哈別乞也八和里士默特之君布都惠達
爾漢和里士默特卽豁里禿馬惕其官人歹都禿勒此布都惠達爾漢畧近
之也九威古忒之君衣忒古忒威古忒卽畏兀種衣忒古忒畏兀酋亦都兀

二十七

蒙古世系譜

蒙古世系譜

惕也十迺滿之君太陽十一他他拉之君墨古親搜爾圖他他拉卽塔塔兒墨古親搜爾圖則塔塔兒酋蔑古眞薛兀勒圖也十二六朱爾漆代之君象崇六字疑衍朱爾漆代卽主兒只歹象崇想昆對音官名此非指翁汗子鮮昆殆因女眞愛王事而傳訛也以上皆蒙人舊説未必與史細符寫質居士聊以備攷元初掌故者之一助甲戌秋張爾田跋

蒙古世譜圖考

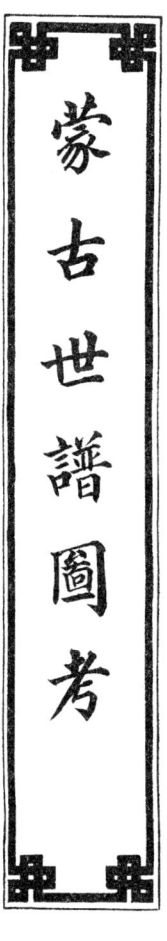

蒙古博爾濟吉忒氏族譜序

溯我博爾濟吉忒氏之始自西域額納特克國（即天竺國）嘛哈薩嘛諦汗遞傳數千年至沙爾巴汗子庫諄三搭里圖乃去其國東遷圖伯特國都馬再八傳爾忒齊諾又去其國北行主淅忒之地擇水草而居又二十四傳至成吉思汗是為元太祖統各部落而臣之建國號曰蒙古再傳至世祖呼必

賴汗撫有中國混一區宇傳之十世至順
帝拖懽忒睦爾汗棄中國出塞乃居蒙古
故地子孫延及至林丹呼圖克圖汗國紀
傾頽所部之衆皆分崩離析未有寧宇恭
逢我
太高祖皇帝龍飛東國蒙古宗支濟農諾音輩相
率歸誠仰叨
高厚之恩撫恤優渥願居塞外者或封王或封貝

勒各率所屬以藩衛北邊其願爲内臣者則錫以公侯伯世職或尚公主或婚郡君延及子孫世叨榮寵又查薩克圖汗圖謝圖汗徹臣汗等七旂喀爾喀爲厄魯特噶爾旦所破部衆逃竄三汗及衆諾音等相率投誠蒙

聖祖仁皇帝開興廢繼絶之恩收納豢養特遣官兵代爲招撫散亡復其三汗故號封衆諾

音等為王貝勒貝子公扎薩克台吉等有
差又為分旂分佐領以處之後
御駕親征滅噶爾旦使喀爾喀各歸故土數十年
來仰蒙
聖恩復其本業坐享昇平子孫繁衍部衆富盛向
之所謂七旂者今已七十旂矣計我博爾
濟吉特氏宗支今為汗者三為王者數十
為扎薩克掌一部之政者各統一部落者百餘人幸

能恪恭奉職勉効馳驅皆沐

聖代鴻恩有加無已故得休養生息以樂育於光

天化日之中也噫亦盛矣我蒙古自始祖

以來雖盛衰不一聚散無常而俗尚簡易

服用儉樸且能勤畜牧耐勞勩凡蒙委使

奮勇爭先戮力疆埸克奏偉績故迄於今

猶得荷

累朝之厚澤沐

列聖之殊恩重以姻婭榮忝戚畹襲以世爵位列
藩屏共際
聖明之世常依
日月之光豈非我博爾濟吉特之厚幸歟夫國有
史家亦有乘蒙古自出塞以後屢遭威勒
忒之變殘編散帙缺畧殊多各家紀載每
至互相舛錯老成凋謝文獻無徵世遠年
湮前人事迹或致瘞墜窸忝列蒙古之裔

孫之列不揣愚陋欲述先人支派源流以垂後裔緣王事馳驅未能如願今年逾耳順矣爰於退食之餘廣覽博稽詳加考證删繁摘要録其次第源流以備家乘譯以清漢文字以便披覽後之子孫欲求先世支派原委展閱斯編瞭然在目因以念世澤之綿長感

聖恩之高厚勉為忠孝毋至隕越亦不負余區區

述譜之意是又余之所厚望也夫

雍正十三年八月朔都統裔孫羅密謹序

夫羅公者抑吾族之中郎歟抑吾族之董氏歟何紀事若是之詳貫也羅密字慎夫幼而聰穎長而明辯性耽書史好學不倦馬足車塵未嘗輟卷尤喜讀史嘗聞許古人之得失片言即中當時之病頻剖後世之疑雖老儒亦不能屈故紀事詳貫纖微備載焉夫博爾濟錦氏自元太祖終於順帝凡一十四主入主中華共一百六十二

年議禮制度文獻足徵自應昌殂謝至序
事之年三百有餘歲雖斯文未喪竹汗猶
青而更遭威勒忒嚕爾旦幾番劫火鮮不
為斷簡殘編者矣而羅公乃能於塞上出
使之暇問俗聞風徵其遺載分晰支源正
誤音韻囊括古今補綴成帙上溯太古下
及當時莫不似繭抽絲如鍼貫線凡八八
斿世職罔替者或休戚相關或殷孳示

寵仰賴

聖明興滅繼絶之

鴻慈高天厚地之

大德使後嗣子孫得知凡中外我博爾濟錦氏

之裔咸含哺於光天化日之下者皆由

皇仁再造之力也我後嗣子孫能不涓埃於萬一

耶噫羅公之功不亦偉乎清嘗有志欲述

家乘既不能稽古更陋於寡聞是以踰年

不就握管茫然今閱此冊皆清心力所不能及者可見有志者事竟成也雖然中郎逝矣繼起何人若清也今四十奇一春矣而五十年之事耳之所曾聞目之所曾見者敢不勉續之以答羅公述譜之苦心成

自己之夙志耶今謹按通志年表凡

先人職官歷任詳注原委使後嗣子孫得知

祖宗創業維難子孫當思守成不易以補羅公

之不逮亦不為不小補也云爾

乾隆四十六年歲次辛丑秋八月既望侶

園博清額撰序

蒙古家譜 上卷

天竺國嘛哈薩嘛諦汗

相傳上古之時萬物無所專主嘛哈薩嘛

諦汗降世導民化衆立典興文四國俱賴

乂安衆共推之為君此即天竺國開創之

君蒙古之始祖也子烏遮思庫楞嗣

烏遮思庫楞汗

子布燕圖嗣

布燕圖汗

子特特昆阿薩拉客漆呼圖克圖嗣

特特昆阿薩拉客漆呼圖克圖汗

子那買庫克阿爾祖庫爾都圖嗣

那買庫克阿爾祖庫爾都圖汗

子烏遮思庫楞圖萌衮庫爾都圖嗣

烏遮思庫楞圖萌衮庫爾都圖汗

子嘛詩烏遮思庫楞圖濟思庫爾都圖嗣

嘛詩烏遮思庫楞圖濟思庫爾都圖汗

子賽音烏遮思庫楞圖忒睦爾庫爾都圖

嗣

賽音烏遮思庫楞圖忒睦爾庫爾都圖汗

子忒古思烏遮思庫楞圖嗣

忒古思烏遮思庫楞圖汗

子他爾必克齊嗣

自那買庫克阿爾祖庫爾都圖汗以下五

君俱有劄噶爾洼爾帝之號顯名於時劄

噶爾洼爾帝即佛經所謂轉輪王是也

他爾必克齊汗

子他爾賓巴里克齊嗣

他爾賓巴里克齊汗

子壽尼嗣

壽尼汗

子古式嗣

古式汗

子衣克古式嗣

衣克古式汗

子賽音烏遜克齊嗣

賽音烏遜克齊汗

自汗以後傳至阿爾薩蘭烏古察圖汗生

有四子長曰阿里衮衣德格圖汗次曰察

漢衣德格圖三曰湯蘇克衣德格圖四曰

拉詩顔衣德格圖阿里衮衣德格圖汗子
二其一釋迦牟尼佛其一烏遮思庫楞圖
南帝也察漢衣德格圖子二其一衣拉古
克漆其一特古思賽音也湯蘇克衣德格
圖子二其一衣克那拉圖其一烏魯多賚
達克漆也拉詩顔衣德格圖子二其一帝
洼塔德其一阿難答也釋迦牟尼佛未出
家以前生子曰拉呼里拉呼里亦出家為

僧無子嘛哈薩嘛諦汗之裔於佛滅度千
有餘年後在天竺國嘛嚐荅地為君之沙
爾巴汗子庫諄三搭里圖去其本國東徙
至圖伯特國為君
圖伯特國庫諄三搭里圖汗
汗為天竺國嘛哈薩嘛諦汗之裔庫薩拉
汗之孫沙爾巴汗之第二子也生而綠髮
手足皆駢目之交瞔也自下而上沙爾巴

汗怪而惡之盛以銅匣委之恒河適有老
人居於巴爾布圖伯特兩國之界者於河
上得之啟匣而視一孺子也遂育之及後
成立年十六於積雪之薩穆布山四顧欲
擇善地而往遷焉圖伯特國人遇之曰奚
自汗以手足指示之衆驚異咸謂此子殆
天之所命我國中無主盍謀奉此為主乃
逆歸而立之此即圖伯特國始創之君蒙

古之始祖也子額爾欽三搭里圖嗣

額爾欽三搭里圖汗

子恰扎爾布西巴袞三搭里圖嗣

恰扎爾布西巴袞三搭里圖汗

子愛圖爾哈阿爾拜三搭里圖嗣

愛圖爾哈阿爾拜三搭里圖汗

子庫里庫魯克噶爾波羅爾三搭里圖嗣

庫里庫魯克噶爾波羅爾三搭里圖汗

子衮蘊賔黙林三搭里圖嗣
衮蘇賔黙林三搭里圖汗
子大賚蘊賔阿爾祖三搭里圖嗣
大賚蘊賔阿爾祖三搭里圖汗
汗生三子長曰波羅楚次曰師保漆三曰
博爾忒漆諾也博爾忒漆諾避其兩兄渡
滕機思北海至淅忒之地擇善水草處駐
牧淅忒人叩所從來知其爲嘛哈薩嘛諦

汗之後祖父皆圖伯特國之君也衆遂謀
立爲主娶妻爪嘛拉爾生子巴泰察漢巴
泰察漢生忒黙扯克忒黙扯克生呼里察
爾墨爾根呼里察爾墨爾根生烏哈察穆
布古魯爾烏哈察爾布古魯爾生薩里噶
爾昭薩里噶爾昭生衣克尼敦衣克尼敦
生薩穆楚漆薩穆楚漆生哈拉楚克哈拉
楚克生博爾濟機代墨爾根博爾濟機代

墨爾根生都拉噶爾津巴燕都拉噶爾津
巴燕生子二長曰多婆和爾次曰多波墨（史作脫奔咩哩犍）
爾根多婆和爾生子四多耐多克生尼墨
尼克額爾克多婆和爾沒後其四子與叔
多波墨爾根不相睦流爲威勒忒巴圖忒
徽忒克烈忒四姓馬多波墨爾根生二子
布古哈地吉（史作博寒嗒答黑）布古齊薩爾齊（史作博合睹撒直）多波墨爾根（史作脫奔咩哩犍）
既沒後其妻阿倫亦夜夢白光覆躰有娠

生子曰博丹察爾（史作孛端叉兒）孟哈克其二子疑焉母知之告以故曰此子想係天命使之輔助爾等耳後博丹察爾之子孫遂因博丹察爾之名即以博爾濟錦為姓焉其九世孫超齊奇爾嘛虎後人因奇爾嘛虎之名名其骨（骨即氏族之分）曰郄忒博丹察爾結髮妻生哈（史作八林昔里剌黑衣必畜）必漆巴圖魯後擄妻生朱爾漆代因擄時先有孕故異姓云

哈必滌巴圖魯生八奇爾（史未載）巴圖魯八奇爾
巴圖魯生嘛哈圖（史作咩撚篤敦）丹嘛哈圖丹生哈齊庫魯（史未載）
克哈齊庫魯克生海都（史同）海都生拜雙合爾（史作拜姓忽兒）
多克深拜雙合爾多克深生敦巴（史作敦）　士臣
敦巴海塞臣生哈（史作葛不律寒）卜爾汗哈卜爾汗　七
子長曰額欽巴爾思次（曰史作巴哩丹）巴爾達睦巴圖魯
三曰呼圖克圖孟庫爾四曰和脫拉汗五
曰呼蘭巴圖魯六曰都都根七曰哈達汗

額欽巴爾思生卓里克圖朱爾根巴爾達睦巴圖魯生四子長曰孟格圖恰二曰納旮台史三曰伊蘊格（史作也速該）巴圖魯四曰達里代額齊根呼圖克圖孟庫爾生布里布庫和脫拉汗生二子長曰超濟次曰奇爾嘛虎呼蘭巴圖魯生伊克察拉伊蘊格巴圖魯生六子長曰清機思（史作歐吉思）汗忒木津（史作鐵木真）次曰哈布圖哈薩爾三曰鄂楚古四曰噶楚古五曰

白克忒爾六曰布庫博爾格忒

元太祖清機（機作衣韻讀）思汗忒木津

是時有四厓其民者十二國太綽忒之君曰塔爾呼代溪里爾都忒朱爾懇之君曰塞臣白溪古爾頒墨爾格忒之君曰托克托白溪克雷（史作克列部）忒之君曰翁汗（史作汪罕）义漢拉忒之君曰扎木哈哈爾拉古忒之君曰阿爾薩朗威勒忒之君曰呼圖哈白溪和里土默

特之君曰布都惠達爾漢威古忒之君曰衣忒古忒廼滿（史作乃蠻）之君曰太陽他他拉之君曰墨古親摟爾圖六朱爾漆代之君曰象崇皆暴戾無道民不堪其苦天生清機思汗忒木津以次剪滅十二國有天下先是汗父伊蘇格巴圖魯欲并兼諸國其討他（史作塔塔兒）他爾國也執其主忒木津以歸至窪南河生汗因名汗曰忒木津汗生七日有玄鳥

自海中出集於玄石長鳴者三晝夜伊蘇格巴圖魯知是瑞徵乃刻石爲玉璽置之淨室以香燈祀之玄鳥復至鳴於室上其音彷彿清機思清機思也故以清機思爲汗號云汗生於壬午歲丙寅春秋四十有五大會諸王群臣建九斿白幢即位於窪（史作瀚難河）南河之源納四方貢賦衆咸歸焉先是國號必達至是始號蒙古蒙古者以其勦定

諸國故曰蒙取居中馭外之義故曰古在位二十史作二十二年四年滅國四十平西夏己丑七月十有二日崩於薩里川噶老徒之行宮群臣奉梓宮歸葬不欲使國人知其處僅葬陵無考本朝于安定門外望祭衣冠焉相傳真陵在布爾漢噶爾丹之地布爾漢噶爾丹在哈爾哈之汗凹拉山或曰在阿爾太汗山後肯忒汗山前地名衣克衣都克者未知孰是享壽六十史作六十六有八至元三年冬十月追謚聖武皇帝至大二年十一月加謚法天啟運聖武

皇帝廟號太祖其第三子窩濶台嗣
太祖生四子長曰朮赤封在天竺國為沙
徵汗次曰察哈代封葉爾克睦國為汗三
曰窩濶台是為太宗四曰拖雷即世祖之
父汗寬恕仁厚深沉有大略用兵如神故
能削平諸國光前裕後其勳奇偉績甚多
時論以劉噶爾洼爾帝美之謚曰法天啟
運不亦宜乎

呼必賴汗盡有中華之地國號元推原至此故稱元太祖　西夏主名李安全建國在河西之地其子李睍以二十二年丁亥來降

太宗窩濶台汗

汗爲清吉思汗第三子弘吉剌忒哈吞所史作弘吉刺氏生清吉思汗定西域汗略地攻城之力居多己丑秋八月奉清吉思汗遺詔大會諸

王群臣即位於克爾倫河（史作怯綠連河）之庫德阿爾蘭（史作庫鐵烏阿剌里）始立朝儀皇族尊屬皆拜頒大扎撒（詔也）敕脩孔子廟及渾天儀以孔子五十一世孫襲封衍聖公集中華儒臣詳定律法置倉廩立驛傳政事大修印度國主木羅夷國主皆來朝高麗國王王瞰以其族子入質求和許之屢遣皇子及皇姪等伐宋宋地日蹙在位十三年歲辛丑崩於烏忒古呼（史作鈋鐵鎍胡蘭山）

蘭山之行宮壽五十有六葬起輦谷追謚英文皇帝廟號太宗子庫玉克（史作貴由）嗣汗有寬弘之量忠恕之心繼太祖後能擴大其業量時度力事無過舉華夏富庶羊馬成群商旅行不賫糧時稱乎治

高麗殺使者汗因命薩里塔率師討之取四十餘城高麗（王）請降遂分其地後復和好是時已得中原之半自燕至蜀皆隸版籍

爲

定宗庫玉克汗

汗爲窩闊台汗長子母曰廼麻津哈吞史作乃馬真氏以丙寅年生汗窩闊台汗嘗命諸王西征次阿蘇境攻圍木柵山寨以三十人與戰汗與焉窩闊台汗既崩廼麻津哈吞臨朝稱制凡六年丙午秋七月乃立汗即位於厄史作荅蘭荅八思爾木克蘭之地汗雖御極朝政猶出廼麻

津哈吞在位三年崩於薩嘛施淇壽四十有三薨起輦谷追謚簡平皇帝廟號定宗拖雷之子孟克（史作蒙哥）嗣汗享祚不久而是時輙遭大旱河水盡涸野草自焚牛馬十死八九人不聊生自壬寅以來法度不一政出多門太宗之歿至是少衰焉

憲宗孟克汗

汗為清吉思汗孫拖雷之子母曰怯烈藴（史作怯烈氏）

（諱唆魯禾帖尼）魯和忒里哈呑歲戊辰十二月初三日生

汗有黃忽答部知天象者言汗後必大貴

窩濶台汗為藩王時養以為子屬嘛嫣哈

呑育之既長娶呼魯斯都女（史作火魯剌部女）呼里察（火魯察）為妃

拖雷薨乃歸藩邸從征伐立奇功無數戊

申庫玉克汗崩朝廷未立君者二年中外

洶洶成屬意於汗而議者又以為窩濶台

汗嘗有命以皇孫失烈門為嗣今失烈門
固在安得置之諸王拔圖穆格等堅執不
可遂議定立汗辛亥夏六月即位於窪南
河失烈門既至速孛里等有怨望語譎而
錮之勅諸王不得擅發牌印不得擅招民
戶及馳馹諸司不得濫徵民財高麗國王
安南國王皆來覲納貢親征中原屢拔其
郡縣抵一字城攻戰未克以己未秋七月

崩于合州之釣魚山在位九年壽五十有史作忽必烈一追謚桓肅皇帝廟號憲宗弟呼必賴嗣汗雄毅沉斷馭下以嚴宫府内外無敢驕逸初太宗朝勲貴擅權而迺麻津哈吞稱制時益甚汗凡有詔旨必親起草慎重數四然後行用是以朝廷肅然雖性好畋獵而寡言淵靜不樂燕飲不好侈靡抑亦令主也

睿宗拖雷實録 附

拖雷汗為清吉思汗第四子太宗母弟也清吉思汗崩時太宗留霍博之地國事無所屬拖雷實身任之盜賊屏息羣下咸服後屢從太宗出征略定中原太宗亟稱之以為能繼太祖之志嘗破敵鈞州功第一諸侯王皆極稱揚於太宗太宗援行戰地頎謂拖雷曰微汝不能致此捷也拖雷從

容對曰此天之威皇帝之福也臣何功之
有其不伐如此太宗嘗有疾且飴拖雷禱
於天請以身代病遂愈拖雷北還至阿剌
哈的思之地薨壽未至四十妃怯烈蘓魯
和忒里子十一人長孟克汗其弟則呼必
賴汗也孟克汗即位追謚曰英武皇帝廟
號睿宗呼必賴汗至元二年改謚景襄皇
帝

睿宗智勇天錫謀必中戰必勝功在社稷
而能不矜不伐克昌厥後配享昊天后土
不亦宜乎
睿宗未嘗陟位以二子立追崇爲汗故别
之而實録其行事後成宗父真金泰定帝
父甘嘛喇武宗父答喇嘛八喇皆倣此
憲宗二年合祭昊天后土以太祖睿宗配
享

世祖蘊圖塞嗔呼必賴汗
汗拖雷第四子母怯（史同）烈哈吞以乙亥歲八
月生及長仁明英睿事哈吞至孝尤善撫
下納弘吉（吉作弘吉喇氏）喇忒氏為妃在潛邸時即思大
有為於天下延四方文學之士及藩府舊
臣問以治道孟克汗即位同母弟惟汗最
長且賢（因）委以漢南漢地軍國庶事皆諮之
數奉命出兵開疆拓土軍法凛然無有敢

犯己未春會諸王伐宋次江北九月親王
穆格自合州釣魚山遣使以孟克汗凶問
来告且請北歸繼大統汗曰我奉詔南来
豈可無功遽還因起兵攻宋大破之抵鄂
城圍未能下時朝議有謀立厄里不哥者
拖雷汗第七子汗之弟也於是哈呑客馳
報請速還庚申二月移師至燕三月戊辰
朔至開平群臣勸進汗三讓諸王大臣固

請辛卯乃即大位建元中統頒詔告天下以國宜長君屬宗盟推戴不得已而立之意新政宏遠百凡更始視先朝規模特倫焉五年改元至元八年建國號曰大元十三年平宋盡有中國天下大治在位三十五年以甲午正月二十二日崩於大都（史作紫檀殿）壽八十謚聖德神功文武皇帝廟號世祖陵在起輦谷皇孫額爾濟圖帖木爾嗣

汗度量寛弘知人善任以武功定天下以
文德致太平安不忘危剛能克欲立經陳
紀所以定一代之制者規模宏遠矣
呼必賴汗以前無建元者故特書之國號
大元取易經乾元之義

成宗額（史作鐵穆耳）爾濟圖帖木爾汗
汗世祖之孫皇太子真金第三子母曰弘（史作弘吉烈氏）
吉喇忒哈屯以至元二年九月生及長奉

命征叛王合丹卒之以真金薨受皇太
子寶撫軍於北邊世祖崩親王諸大臣遣
使告哀軍中汗還上都即位始得玉璽詔
中外崇奉孔子更定律令禁作奸犯科者
賞功旌能柔遠懷邇察各部落貧乏之主
皆以金鈔賜之各國貢獻方物天下無事
在位十三年以丁未正月初一日崩於大
都壽四十有二葬起輦谷初年號元貞後

改大德謚欽明廣孝皇帝廟號成宗兄答喇嘛八喇之子庫魯克海山（史作海山）嗣汗承天下混一之業垂拱而治無少紊亂可謂善於守成者矣雖末年寢疾凡國家政事內則決於宮壼外則委於宰臣而不至於廢墜者則以去世祖未遠成憲具在故也

御史中丞崔彧得玉璽於宋故臣之家其

文曰受命於天既壽永昌上之賜各部落金鈔如安西王阿難答受二十萬錠寧遠王闊闊受六萬錠是也他部落受賜者甚多未詳

裕宗真金實録附

真金汗爲呼必賴汗嫡子弘吉喇咸哈吞所生中統三年封燕王守中書命四年兼判樞密院事勤於治職嘗諭中書乳母進

新服却之曰我何用衣美觀也呼必賴汗
及母哈吞或有疾既憂形於色夕不能寢
居恒與諸臣講求治理惴惴恐後呼必賴
汗極愛重之十年二月册為皇太子敕造
東宮香殿成侍臣請鑿石為池眞金曰汝
欲使我效酒池肉林故事耶不許十八年
弘吉喇忒哈吞崩自獵所奔赴勺水不入
口者累日 設廬帳居之其在中書莅事既

久明於聽斷四方州縣科徵造作之役有病民者聞之即日奏罷臣下敬憚中外歸心於是呼必賴汗春秋既高言事者請禪位於太子呼必賴汗不悅真金懼未幾遂薨壽四十有三子顏爾濟圖帖木爾汗即位追謚文惠明孝皇帝廟號裕宗

裕宗孝於親慈於衆制節謹度深求治道一時儒臣如王恂許衡輩咸侍講幄汗優

禮遇之德意未嘗少衰雖未登大位而嘉謨懿行已足垂裕後昆矣

武宗庫魯克海山汗

汗世祖太子真金第二子答喇嘛八喇子母曰弘吉喇忒哈吞至元十八年七月十九日生大德間詔代寧遠王濶濶出軍於北邊尋封懷寧王賜金印成宗既崩安西王阿難答等潛謀推伯要真哈吞稱制汗弟

愛育黎拔力八達卜燕圖言於太后曰祖宗創業艱難今大行晏駕威靈漸遠諸王皆疏屬而懷寧王在朔方此輩潜有異謀變且不測不若先事而發遂定計誅諸異謀者而遣使迎汗汗至上都即位賜阿難答等死改大德十二年為至大元年詔赦天下免各路繁重差税三年存恤征戍軍士凡鰥寡孤獨之民皆以時存問蠲儒户

差役勉勵學校議貢舉政令得失諸諸人
上書直陳四方承平各安其業惟朝官多
濫受恩賞在位五年崩壽三十有一葬起
輦谷謚仁惠宣孝皇帝廟號武宗弟愛育
黎拔力八達卜燕圖嗣
汗當富有之大業慨然欲興利除害而有
為雖封爵太盛賞賚太隆至元大德之政
稍稍變更要不失為勵精圖治之主也

朝官濫受恩賞如賜那木忽里等鈔萬二千錠賜拙忽難等鈔萬五千八十八錠諸如此類及遥授之官不可勝紀

仁宗卜蔫圖汗

汗為荅喇嘛八喇嘛第三子母曰弘吉喇忒（史作弘吉剌氏）哈吞至元二十二年三月生大德九年冬十月成宗不豫中宮秉政詔汗與太后出居懷州所過郡縣供帳華侈悉命撤去嚴

飭扈從毋擾於民十一年春正月成宗崩
時武宗為懷寧王總兵北邊汗與太后聞
哀奔赴入内哭盡哀復出居舊邸左丞相
阿古代等謀亂汗執而誅之諸王濶濶出
牙忽都等曰太子實世祖之孫宜早正大
位汗曰懷寧王吾兄也正位為宜乃遣使
迎武宗即位詔立汗為皇太子時有進大
學衍義者命詹事王約等節而譯之曰治

天下此一書足矣至大四年三月十八日
即位遵踰年改元之制以至大五年爲皇
慶元年諭御史大夫曰凡大臣不法卿等
劾奏毋避朕自裁之諭省臣曰翰林集賢
儒臣朕自選用汝等毋輒擬進人言御史
臺任重朕謂國史院尤重御史臺是一時
公論國史院實萬世公論也詔行科舉以
八月天下郡縣興其賢能充貢有司次年

二月會試京師中選者親試於廷賜及第出身有差謂侍臣曰安百姓以圖至治匪用儒臣何以致此敕衛輝昌平守臣修殷比干及歷代諸賢臣祠歲時致祭在位十年以庚申正月二十一日崩於光天宮壽三十有六葬起輦谷謚聖文欽孝皇帝廟號仁宗子格根（史作碩德八剌）嗣

汗天性慈孝聰明恭儉通達儒術嘗曰儒

者可尚以其能維持三綱五常之道也服
御質素不崇貨利侍皇太后終身不違顏
色待宗戚勳舊大臣始終恩禮每遇有司
奏大辟輙慘惻移時至於災異傷民尤必
加賑恤云
災異如德慶路地震鞏昌隴西縣山崩壓
死居民畿內大雨香河寶坻等縣水沒民
田廬皆給粮以賑之

順宗答喇嘛八喇實錄附

答喇嘛八喇汗爲裕宗第二子母曰徽仁裕聖皇后弘吉喇氏至元初裕宗爲燕王順宗生於燕邸明年詔裕宗居潮河八月名至京師凡歲朝賀未嘗不侍裕宗以行稍長世祖賜侍女郭氏其後乃納弘吉喇氏爲妃二十二年裕宗薨答喇嘛八喇以皇孫鍾愛兩宫優其出閤之禮二十八年

詔出鎮懷州未至以疾召還明年春世祖
北幸留治疾京師越兩月而薨年二十有
九子三人長曰阿水哥封魏王郭出也妃
吶生者曰海山是爲武宗曰愛育黎拔力
八達卜藏圖是爲仁宗大德十一年秋武
宗即位追謚曰昭聖衍孝皇帝廟號順宗
祔享太廟
順宗聰敏仁孝侍裕宗能得其歡心世祖

亦鍾愛之出鎮時行次趙州從卒有伐民桑棗者汗杖之以懲衆并遣臣王倚入奏世祖大悦以其愛民且能斷也不王其身王其子孫宜哉

英宗格根汗

汗爲卜薳圖汗嫡子母曰弘吉喇忒哈吞以大德七年二月甲子生初仁宗欲立爲太子汗謁太后固辭曰有兄在宜立兄以

臣輔之不許延祐三年立為皇太子詔命百司庶務必先啟太子然後奏聞汗謂中書省臣曰至尊委我以天下事日夜寅畏惟恐弗勝卿等亦當洗心滌慮恪勤乃職勿有褻壞以貽君父憂仁宗不豫汗夜焚香籲天願以身代及崩哀毁過禮日啜一粥即位後有獻七寶香帶者因近臣以進汗曰朕登極以來不聞卿等薦賢而為人

進帶是以利誘朕也其還之赦有司存恤
孔子子孫貧乏者在位四年被弒於行幄
壽二十有一謚睿聖文孝皇帝廟號英宗
從莫諸帝陵甘麻剌之子衣孫忒木爾（史作也孫鐵木耳）嗣
汗性剛明嘗以地震減膳撤樂避正殿丞
相拜住進曰地震乃臣等失職宜求賢以
代汗曰毋多遜此朕之過也嘗御鹿頂殿
謂拜住曰朕惟我祖宗櫛風沐雨戡定萬

方會有此錦衣玉食之樂耶卿元勳之裔當體朕懷毋忝尔祖又謂大臣曰中書選人署事未旬日御史臺即改除之臺除者中書亦然令山林之士遺逸必多卿等不能盡心求訪惟以親戚故舊更相引用耳其明斷如此然以果於刑戮奸黨畏誅遂構大變云

果于刑戮如司徒劉夔同僉宣政院事囊

加台坐妄獻地土冒取官錢伏誅之類

泰定帝衣孫忒木爾汗

汗爲世祖太子真金長子晋王甘嘛喇之子至元十三年十月二十九日汗生於晋邸晋王薨襲封仍鎮北邊成宗武宗仁宗之立咸與翊戴之謀賜誓詞鐵券英宗遇弑諸王奉皇帝璽綬北迎汗于鎮所即位於龍居河大赦天下誅逆賊鐵失等於大

都並戮其子孫籍其家產詔百世遵守世祖成憲赦營繕不急者罷之遣使詣曲阜以太牢祀孔子時天下無事號稱治平外國殊方畢獻方物在位六年以戊辰八月初六日崩于上都壽三十有六葬起輦谷武宗之子拉扎巴克嗣史作和世㻋

泰定之世四方治平君臣之間恪守祖宗之成法而不敢過亦足稱矣

顕宗甘嘛喇實録 附

甘嘛喇汗為裕宗長子母曰徽仁裕聖皇后弘吉喇氏甘嘛喇日侍世祖未嘗離左右畏慎不妄言言必無隱至元中奉旨鎮北邊邊境以寧嘗出征會大雪擁火坐帳內顧謂左右曰今日風雪如是吾與卿處猶有寒色彼從士亦人耳腰弓矢荷刃周廬之外其苦可知遂令饔人大為肉糜親

嘗而遍賜之撫循部曲之暇時命也滅堅
以國語講通鑑戒其近侍太不花曰朝廷
以藩屏寄我事有不逮正在汝等輔助使
百姓安業主上無北顧之憂乃所以報國
家也二十六年世祖以其居邊日久特命
獵於柳林戒飭從士民賴以安北還覲世
祖於上京世祖甚慰勞之明年冬封梁王
授以金印出鎮雲南二十九年改封晉王

移鎮北邊更鑄金印授之明年置内史府
又明年世祖崩晉王聞赴奔赴上都諸王
大臣咸在晉王曰昔皇祖命我鎮撫北邊
以衛社稷久歷邊事願服厥職母弟帖木
爾仁孝宜嗣大統于是成宗即帝位而晉
王復歸藩邸六年正月薨年四十五子三
人曰衣孫忒木爾曰松山曰迭里哥爾不
花汗薨後十年仁宗即位定謚獻武又十

一年英宗遇弑衣孫忒太爾汗以嗣晉王即皇帝位追尊曰光聖仁孝皇帝廟號顯宗附享太廟

顯宗天性仁厚御下有恩元貞初藩邸屬守審伯年老請以其子代之内史言於汗汗曰惟天子所命其自守如此故尤為朝廷所重云

明宗拉扎巴克呼圖克圖汗

汗為庫魯克汗長子母曰突乞烈忒哈吞
以大德四年十一月生武宗入繼大統立
仁宗為皇太子命以次傳於汫武宗崩仁
宗立議建東宮時丞相鐵木耳歆固位
取寵乃議立英宗為皇太子而封汗為周王
出鎮雲南後英宗被弒晉王衣孫忒木爾
自立為皇帝改元泰定汗弟圖特睦爾以
懷王出居建康泰定帝崩倒喇沙專權自

用踰月不立君朝野疑懼時僉樞密院事燕特穆爾留守京師遂謀義舉召百官集興聖宮兵皆露刃號於衆曰武宗有令子二人孝友仁文天下歸心大統所在當迎立之不從者死特汗方遠在沙漠猝未能至慮生他變乃迎汗弟懷王入京師以正大統固讓而後即位是爲文宗次年迎汗即位於和寧諭燕特穆爾等曰凡京師百

官朕弟擢用者悉仍其舊立文宗為皇太子詔諭中書省臣凡國家錢穀銓選諸大政事先啓皇太子然後以聞是歲八月庚寅汗暴崩年三十葬起輦谷謚翼孝景孝皇帝廟號明宗弟圖特木爾史作圖帖睦爾嗣

汗孝友性成洞達治體從諫如流嘗諭臺臣曰政有闕失卿必以聞朕不爾責又曰修德應天乃君臣當為之事朕未嘗斯須

忘於懷也其孜孜求治如此享國日淺未竟其業惜哉

文宗圖特睦爾庫薩拉汗

汗為庫魯克汗次子母曰唐古忒哈吞以大德八年春正月癸亥生明宗崩於途越四日汗復即帝位於上都大赦天下節婦孝子皆旌其門御史徹里不花等上言朝廷政務賞罰為先功罪既定天下斯定國

家自鐵特木爾等專權紀綱已紊泰定爵
賞濫頒尤非正理雖曰兵興用人甚急然
賞罰安可不嚴也汗嘉納舉行之臨御以
來六服賓貢貞烈之受旌揚者指不勝屈
在位五年壽二十有九崩葬起輦谷謚聖
明元孝皇帝廟號文宗兄子林親巴爾嗣史作懿璘質班
汗性明敏尊儒重道追封孔子父啟聖公
叔梁紇為啟聖王顏曾思孟並加封公爵

立奎章閣置學士員日以祖宗明訓古往治亂得失陳説於前又命以國語譯貞觀政要鋟板模印頒賜百官凡旌節表忠蠲租賜賑諸善政莫不具舉四方來享來王誠有以感之也

寧宗林親巴爾汗

汗為拉扎巴克呼圖克圖汗次子母廼嘛（史作乃）蠻真氏津哈呑天歷二年封汗為鄜王文宗崩皇

后導揚末命申固讓初志傳位於明宗之

子時汗兄拖懽忒睦爾（史作妥懽帖睦爾）出居于靜江而汗

以文宗眷愛之篤留京師丞相燕特穆爾

請立汗以繼大統十月即位于大明殿遂下

令蠲免民間逋欠差稅課程在位五月崩

年七歲葬起輦谷謚沖聖嗣孝皇帝廟號

寧宗兄拖懽忒睦爾嗣

汗沖齡踐祚政務咸啟中宮取進止凡學

校農桑孝義忠節科舉取士國學貢試並依舊制抑亦守成之主也惜不永其年無所表見云

順帝拖懽忒睦爾烏哈哈圖汗

汗為拉扎巴克呼圖克圖汗長子母曰哈（史）祿魯（作罕祿魯氏）忒哈吞以延祐七年四月丙寅生于北方至順元年拉扎巴克呼圖克圖汗哈吞八不沙被讒遇害徙汗于高麗居大青

島中不與人接閲一載移于廣西靜江寧
宗崩燕特木爾請立燕特古思文宗哈呑
曰吾子尚幼拖懽忒睦爾在廣西年十三
矣且係拉扎巴克呼圖克圖汗長子宜立
於是迎汗於靜江至遷延數月而國事皆
決於燕特穆爾奏文宗哈呑行之及燕特
穆爾死乃定議立汗汗遂即位連年灾異
迭見盜賊四起兵費不給城邑屢陷汗不

能有所振作頗耽音樂娛悅之物倦于政事中華地土騷騷乎危矣

明兵進京城汗率哈吞皇子從蒙古十萬衆出古北口至克爾倫河之北築巴爾斯城居焉從此遂失中華

自元世祖大都即汗位以來凡一百有八年汗避位出京時弘吉喇忒哈吞倉猝遺失藏匿霞甕中爲明洪武所獲時哈吞懷

娠已三月矣默祝曰彌月而產勢難留也惟天憫祐至十三月而生乃得保全後果至十三月生一子洪武以爲己子育之此即明之永樂也後妃以碩爲姓云拖懽忒睦爾汗出塞後一年崩在位三十六年壽五十一

史作愛猷識禮達臘

子必力克圖嗣洪武以汗知命退避加號曰順帝

汗之世災異疊見飢饉洊臻盜賊蜂起三

十六年之間極災禦患日不暇給而卒以亡國有元烈祖創基業而垂統緒可謂艱矣至汗而盡失中華之地何得之難而失之易歟天命靡常不信然哉

蒙古家譜下卷

蒙古必力克圖汗 史作愛猷識禮達臘

汗為拖懽忒睦爾烏哈哈圖汗之子嗣父位撫有衆蒙古部落居之在位九年崩弟

烏薩哈爾嗣

烏薩哈爾汗

汗在位十年崩汗生三子長曰恩克酌力克圖次曰厄爾白克尼古勒藴克溙三曰

哈爾古察克都楞忒畦爾歡台吉鍾長子

恩克酌力克圖嗣

恩克酌力克圖汗

汗在位四年崩弟厄爾白克你古勒蘊克

漆嗣

厄爾白克你古勒蘊克漆汗

汗素疑其弟哈爾古察克都楞忒畦爾歡

台吉其臣威勒忒郭海太尉乘間譖殺之

時哈爾古察克都楞忒睦爾歡台吉之妻額爾濟圖爪必濟以其夫死於讒也每思報復而無其間一日汗往獵必濟計誘郭海太尉至其室醉以酒卧之寢所而裂其帷更自毁容亂髮亟使多克身錫拉馳報汗汗未歸而郭海太尉見身卧必濟所知墮計遂奔去及汗歸必濟愬以郭海太尉酗酒強奸弗從橫肆毆辱狀汗怒乘馬追

而欲殺之太尉彎弓射汗中指汗擒斬之
而解其皮以示必濟必濟刳其膏而啖曰
夫仇不共戴天食其肉甘心也今幸如願
我雖一婦人夫仇已報矣汗聞之知枉殺
太尉賜其子巴圖拉丞相號妻以薩睦爾
公主命掌四威勒忒繼而威勒忒努克滚
哈什哈率兵來犯遂弒汗汗在位六年努
克滚哈什哈納穎爾濟圖介必濟爲妻未

幾生一子名阿齋努克漆哈什哈育之如
已子阿蘓忒部童子洼格得勒庫者爲威
勒忒所虜給巴圖拉承相厮役使負筐拾
糞易其名曰阿魯克台蓋取筐名阿魯克
也其後努克漆哈什哈殺巴圖拉承相聚
威勒忒會盟阿魯克台道遇自盟所歸者
三人問何盟三人小之戲答曰議奉阿齋
台吉即汗位以阿魯克台爲太師嬉笑而

去阿魯克台即寘筐於地仰天祝曰是非若輩之言天命之矣我小人耳安望貴顯而阿齋則汗之子也天鑒此言乃南向叩首未久努克滚哈什哈殁其子厄塞庫自稱為汗納巴圖拉承相妻薩睦爾公主為妻以額爾濟圖係必濟及其子阿齋台吉阿穌忒部阿魯克台俱為奴

衮忒睦爾汗

汗為厄爾白克你古勒藴克滚汗之子撫
集餘衆即汗位在位三年崩其弟額爾濟
忒睦爾嗣

額爾濟忒睦爾汗
汗在位八年崩子他爾巴克嗣

他爾巴克汗
汗在位五年崩宗室台吉阿嗣

阿台汗

汗為清吉思汗第二弟哈卜圖哈薩爾之後以他爾巴克汗無嗣汗據蒙古國即位其間威勒忒之厄塞庫篡位十一年死薩睦爾公主念努克漆哈什哈夙仇因令額爾濟圖爪必濟阿齋台吉阿魯克台匿之蒙古國母家且囑之曰厄塞庫已沒威勒忒亂誓師而來會可圖也三人至蒙古具告汗汗曰善封阿魯克台為太師汗與阿

齋台吉阿魯克台太師統兵伐威勒忒大破之虜巴圖拉承相之子怕克木阿魯克台太師以為奴卧鍋下呼為拖懽拖懽者鍋也蓋報其前會呼已為阿魯克台也厥後薩睦爾公主至自威勒忒挈其子拖懽歸拖懽既至威勒忒謀於衆曰蒙古散亂當興報仇之師其母曰小子勿多言辱可忍耳念前仇何為弗聽率衆四萬來犯遂

弑汗汗在位十三年時拖懽欲自立為汗
乘伊拉斯名馬黃馬至清吉思汗陵寢繞園
林數匝以刀砍壁曰咄咄清吉思陵寢若
是其尊顯乎余藐太後不女弱也蒙古威
勒忒諸臣勸阻曰不可此聖主不特蒙古
君天下主也女當叩首謝罪求免拖懽曰
余行將伐彼也何以謝為令衆蒙古皆已
屬我我欲法古人君陟位之制稱汗於陵

寢前設宴將成禮忽聞寢壁間矢聲簌簌
然其從者見所懸矢箙中一矢揺動拖懽
忽中心如焚觧衣視其背則矢傷宛然回
視揺動之矢扣鏃血痕狼籍焉見者莫不
駭異拖懽將死囑其子厄僧曰我獲罪清
吉思汗神靈以至此今仇皆已翦除矣惟
蒙古孟庫貝在耳女其圖之囑畢而絶孟
庫貝者阿魯克台太師弟也前拖懽爲奴

時阿魯克台之妻格勒爾阿哈念拖懽為
公主之子頗憐之一日為其理髮孟庫貝
曰與理其髮毋寧斷其吭耶拖懽啣之至
是拖懽子厄僧自稱太師率蒙古威勒忒
之衆伐明先禽殺孟庫貝以狗于衆兵自
大同入大殲明師擄其君正統以歸付阿
蘊忒阿裡麻承相監守之阿裡麻承相名
正統為穆呼兒小廝配以侍女名穆魯了

頭生一子名大哥子追後正統回國留其
子於威勒忒今阿蕪忒他爾拜他布囊鑲
黃旂蒙古旂下阿達哈哈番珠班珠爾塞楞
等即其後也厄僧兵還下令勿洩擄正統
事於其母洩者斬乃入見其母母曰女得
母獲明國之君乎厄僧詰之乃知為永奢
布布庫蕪爾孫告之也怒其言洩斬布庫
蕪爾孫由是蒙古威勒忒之衆莫不寒心

曰厄僧太師師出斬一人師還斬一人嗜殺如此人何以堪後蒙古之人咸懷舊君漸次逃去阿齋台吉生三子長曰太嵩台吉次曰阿巴喀爾津三曰滿都古爾至是太嵩台吉即汗位

太嵩汗

汗即位後賜其弟阿巴喀爾津濟農親王號志切復仇歲修武備練兵卒養精蓄銳兄

弟三人合兵伐威勒忒至明干哈拉圖遇威勒忒兵兩軍列陣各選一勇士挑戰以决勝負蒙古軍中有吳魯忒部之勇士壽蘓忒者能長刀破陣威勒忒軍中有卜拉忒部之勇士歸林漆者能挽強命中此兩人雖各事其主平日相得甚歡曾於宴飲間預籌之曰我兩國有事必以我二人為首將奈何歸林漆曰我善用長君善用短

各自為計可也已而果以此二人挑戰壽薌忒裏两層堅甲以待謂歸林漆曰君遠來請先歸林漆曰張弓射之矢洞複甲傷膚幾墜馬乃回刃砍歸林漆自頂直下劃然两開两軍合戰至晚各收軍列營威勒忒之衆懼欲謀降忒楞古斯部之阿卜都拉色臣曰蒙古國好信聞言請往說之事成酧我以爵死則願善撫我妻子乃至蒙古

營素知阿巴喀爾津濟農之愚也入其帳
紿之曰威勒忒顒專事君君若與君兄弟
分我國則我國寧死於戰也濟農信之與
威勒忒合將倒戈逐其兄濟農之子哈尔
古察克諫曰諺有之附外者亡附親者昌
敵人之言不可信不若乘其不備而襲之
弗聽夜使使至威勒忒謀定詰旦會戰汗
敗走由肯忒山渡克尔倫河至郭爾羅斯

部遇徹布登即其所出阿爾他噶爾津哈
吞之父也念出女之仇欲弒汗哈吞曰是
皆我之過也彼博爾濟錦氏當危迫之秋
而保全之後必有利焉弗聽弒之汗在位
十四年威勒忒之衆將奉阿巴喀爾津濟
農稱汗號宴之具兩帳而後帳下置陷坑
掩以氊伏甲以度曲髙聲為號濟農往威
勒忒請濟農之從者每兩人為一起以次

入帳犒酒未入者唯聞帳下度曲聲而濟農及侍衛七十七人旂兵六十一人皆已入陷坑矣濟農之子哈爾古察克台吉俟於外久之不聞音耗使其勇衣那克格勒往探之闃無其人惟見帳下流血因急告哈爾古察克台吉率衣那克格勒逃去威勒忒之厄僧太師率勇士三十人追之至哈爾哈山巖追及哈爾古察克台吉棄馬

踞峯項威勒忒之西爾把克把圖魯土爾根披重甲由从徑登衣那克格勒自上射之俱顛土爾古忒部之徹勒克土爾根畧三層堅甲挺鎗而登哈爾古察克台吉射以黄羊角矢洞胸而出有聲遂仆其從之者亦顛仆至夜兩人哭圜而出衣那克格勒刼厄僧太師之布古拉哈布薩克奇薩里西爾哈良馬哈爾古察克台吉乘騸馬射

得一麅鹿爲粮遁去念托克穆克君國朱
漆之後我宗也往依之居於托克穆克阿
克孟克巴顔家而使其舅衣那克格勒往
威勒忒探厄僧事並訪栖栖克必濟如未
適人乘隙挈來之栖栖克必濟者哈爾古
察克台吉妻厄僧女也阿克孟克之弟雅
克師孟克嘗謂其兄曰吾觀哈爾古察克
台吉之目非長者也宜殺之不從更妻以

女一日畋獵圍逐黄羊十一哈爾古察克台吉發矢連殪其九雅克師孟克愈忌之再合圍衆爭逐獸之頃雅克師孟克佯爲逐禽射殺之衣那克格勒出使威勒忒道聞厄僧已稱汗號栖栖克必濟尚未適人往見必濟無計挈之行遂返至雅克詩孟克馬群聞其主已見殺因殺其牧馬者而盡驅其馬投栖栖克必濟先是哈爾古察

克台吉逃出時栖栖克必濟已懷孕七月
其父厄僧欲令改適必濟曰吾夫尚在誓
死不從厄僧無如何也及彌月生一子厄
僧使阿巴布爾吉往視且囑之曰女則留
之男則殺之阿巴布爾吉至欲覩其子必
濟覺之拽兒陰向後紿之阿巴布爾吉反
厄僧疑未釋令復視比阿巴布爾吉之反
也必濟遂以其兒易察哈爾呼拉必斯婦

厄退之女置寢所以待阿巴布爾吉復至啟衾視之果女也遂反命必濟往愬於曾祖母薩睦爾公主曰我父不能忘情于我子也數使人探視我易以他人之女僅而獲免今舅氏衣那克格勒已歸畏我父逐于我所將奈何薩睦爾公主命取其子至名之曰巴顏孟克使娑龍古斯部桑古爾伐之妻哈拉克親太卜津育之語其孫厄

僧曰衣那克格勒至女殺之不厄僧曰將
食其肉而飲其血也公主曰若其殺哈爾
古察克而來則若之何曰誠若是則宥之
公主令衣那克格勒見厄僧曰我已殺哈
爾古察克台吉截其辮髮并其乘奇薩里
西爾哈馬為驗敢請命厄僧果宥其死而
名之為厄劣那克楚厄劣鷹名也那克楚
勇也鷹善[性]善戰物故以名之厄僧既賊有

蒙古國使人名壽蘓忒巴圖魯壽蘓忒從三十人来祇與十人入公館厄僧使烏爾輝墨爾根皆執殺之一日有威勒忒國人獲一鷹擬命其名而未定一裸身童子至曰是鳥也巨嘴濶掌鋭尾垂胷盖他斯哈里鶥之子哈濟爾得爾白忒也其人具以其言告厄僧厄僧曰我向日捕壽蘓忒巴圖魯之子而未得此或是歟大索之娑龍

古斯部桑古爾代之妻哈拉克親太卜津
聞之藏巴顏孟克於鍋中覆以馬糞而以
其所生之子示使者使者不察去其衣將
縊殺之其從者止之曰曩所見之童子目
烱烱背若兎然此非是也釋之而去太卜
津謂巴顏孟克曰勢不能育女於此矣行
人或詰之則云系本威勒咸父母歿於兵
我年尚幼父母之名俱不能記憶也訓畢

遣去巴顔孟克途行過威勒忒之伊拉朱
巴顔家叩其姓氏行在安往巴顔孟克一
如以太卜津所訓答之伊拉朱巴顔以為威
勒忒裔也留之且善撫焉後厄僧又聞之
必欲殺之而後已薩睦爾公主怒曰女能
必其成立報仇乎此子我曾孫女所出亦
女甥也拖懽在決不至有今日也孫子固
當若是耶厄僧默然出曰我欲絕博爾濟

金氏而格於祖母將不使之聞而殺之也
衣那克格勒厄劣那克楚知之以告薩哇
爾公主公主欲送巴顏孟克避之蒙古國
而難其人衣那克格勒厄劣那克楚曰有
威勒忒之倭格德台布者自十三歲從軍
即奮勇登先懋著勞績而厄僧不加憐愛
其心不平往試之何如遂往告倭格德台
布曰哈爾古察克之幼子栖栖克必濟所

生也厄僧將謀殺之公主欲送之蒙古而
難其人女欲建大功盡請于公主而送之
將世世子孫為蒙古之元勲矣不僅及身
而已也倭格德台布往見公主請行公主
大悦遂遣倭格德台布及蒙古哈拉克親
部之博雷太師薩爾他古爾部之巴顏代
墨爾根之共嵇拉忒布之厄塞雷台布從
巴顏孟克逃去厄僧聞之使阿巴布爾吉

衣那克格勒厄劳那克楚等追之未及阿
巴布爾吉以其所乘之赭黑良馬與衣那
克格勒厄劳那克楚曰女乘此速追之能
奪之歸土地人口并牧馬之群非所愛也
以酧汝衣那克格勒厄劳那克楚遂行倭
格德台布等見追者至棄巴顏孟克而奔
衣那克格勒厄劳那克楚挈之馬上追及
倭格德台布等付之曰此子爾何棄也女

等何為而去乎故為對射狀而去衣那克格勒厄劣那克楚侯其後隊追至指地下遺鏃示之衆遂不疑而反倭格德台布等逃至無良漢之呼圖克少師處呼圖克少師曰此子暫止我所將歸其宗社焉比及巴顔孟克既成立呼圖克少師以其女師克爾妻之其後威勒忒右營之阿拉克忒睦爾丞相左營之哈灘忒睦爾請于厄僧

曰君令已正汗位太師之號當以見賜厄
僧曰意欲得此乎已賜吾兒矣二人出曰
破蒙古即汗位徵我二人之才勇與阿布
都拉色臣之智不及此令惟女父子獨享
之乎糾兵攻之厄僧逃去妻子貲畜俱被
擄厄僧孤身忍飢逃竄過布庫蘊爾孫之
家求飲解渴布庫蘊爾孫之妻謂其子曰
此人貌似厄僧我父仇也女其圖之其子

布衮等兄弟九人執殺戹僧以其尸骨暴于枯魁漢嶺之樹而風化焉

墨爾古爾格思汗

汗太嵩汗之子薩睦爾太后所生七歲即汗位薩睦爾太后欲復仇征威勒忒國合馬步牛隊爲一軍太后親佩刀汗時方幼以簣載之而繫于駝上軍行至枯魁札布堪地與威勒忒戰破其衆擄獲甚多因汗

繫於駝故號曰烏克克圖汗師還方在安

撫蒙古國事之際噶初古之後七土默特

部多和倫台吉裁汗在位一年

摩倫汗

汗太嵩汗之子先被出阿爾他噶爾津哈

吞所生也哈吞出時汗甫三歲隨母歸及

外祖徹部登死居郭爾羅斯部之庫部七

爾家給使令之役遣其部落疫灾流行命

卜之卜者曰其有干於博爾濟金氏歟衆
是其言令克穆齊古忒部之他哈太台布
郭爾羅斯部之摩羅代送汗至毛禮海王
所毛禮海王者布庫博爾格太之後素有
功于蒙古者也其屬下之大臣威欲尊之
爲汗毛禮海王誓不可及汗至即以已所
乘之魁藴圖黄馬與之乘而加金頂於其
冠引之至清吉思汗陵寢前叩首即汗位

其後鄂爾多斯部之孟克和拖布哈譖于汗曰毛禮海王將謀叛兵即至矣汗弗聽使往驗之毛禮海王方行圍使者見所揚之塵悞以爲兵復命汗率兵迎戰而孟克和拖布哈先咨馳報毛禮海王曰汗欲殺女而并女國兵已發毛禮海王初猶未信及登高望之果然乃仰天奠酒呼太祖汗而祝曰臣於聖裔可謂忠矣今聖裔反欲

殺臣我二人孰是孰非神靈昭鑒祝畢叩首披甲上馬念衆寡不敵分兵三百與其弟扎爾古漆伏左右而自與汗戰伏發汗敗北被殺在位二年博爾博克部之巴顏厄爾伯格爾從戰被禽衆欲斬之毛禮海王曰為主盡力良臣也善遇之安必不盡力于我乎宥之巴顏厄爾伯格爾即于汗死所以所佩刀掘土瘞之蒙庫爾德哈吞

哭曰惜哉大業傾頽非讒人孟克和拖布哈詎至此乎毛禮海王聞之亦爲惋惜乃執孟克和拖布哈斷其舌而殺之

滿都古爾汗

汗阿齋台吉之第三子太嵩汗之異母弟也先是太嵩汗阿巴喀爾津濟農遇害時汗居阿蘏咸山摩倫汗被弑無嗣汗部下大臣俱以舍汗無人嗣位固請允之即位

于哈忒呼蘭太山汗有二女一為博羅克親公主達威勒忒伯格爾僧一為厄式格公主達蒙古車庫忒許之和碩他卜囊汗欲為其兄之子墨爾古爾格思汗復仇發兵征七土墨特之多和倫台吉殺之盡收其衆時無量漢之呼圖克少師送巴顏孟克并其從之人至汗大悅封巴顏孟克為博爾呼濟農號以博繼爾濟金氏之祀汗又

為摩倫汗復仇征毛禮海王使吳魯忒部壽稹忒之子烏納博羅忒將兵焉毛禮海王聞之遁走烏納博羅忒追至烏灰爾之野先獲其子弟七人梟首以徇因名其地為多羅忒拖羅海毛禮海王孫身竄至空圭扎布堪山峪結茅以居烏納博羅忒追獲殺之是時汗撫有六萬衆蒙古與巴顏孟克博爾呼濟農共治其國焉有洪和頼者

讒于汗曰巴顏孟克博爾呼濟農欲謀逆而娶衣克哈巴爾圖仲根哈吞汗不聽使人告濟農濟農大驚曰讒言出自誰口是可誅也使者反命汗怒斷洪和賴之舌殺之厥後永謝布之伊思滿太師亦讒人也謂汗曰惜乎枉殺洪和賴其言不誣復往告濟農曰洪和賴之禍發矣汗將殺女濟農疑之伊思滿太師曰探汝之使行即至

矣猶不之信耶出使者遠至濟農疑其探
已也對使語頗不遜遣之去汗聞而大怒
令伊思滿太師將兵討之濟農從二人逃
去伊思滿太師盡收其衆巴顏孟克博爾
呼濟農逃至其姑博羅克親公主處公主
匿之秘不使其夫伯格爾僧知徵以言探
之其夫語甚嚴厲匿之恐被害遣去濟農
行至永奢布界遣從者往探音問竚立俟

之遇克列察罕忒穆爾孟克哈拉把太欲得濟農金帶不與遂殺之濟農有子曰巴圖孟克與巴爾哈津部之巴海育之及滿都古爾汗在位五年崩無嗣巴圖孟克即位

巴圖孟克太衍汗

汗自幼育于巴海家有失調護得痞疾湯古忒圖勒格爾之子忒睦爾哈達克等昆

弟七人謂巴海曰此子宜善撫之否則與
我弗與奪之去忒睦爾哈達克之妻鄂云
達爾日以銀盌盛駝乳摩其患處至銀盌
穿瘡下如萍者七枚始愈後即位欲報先
世之仇征威勒忒國步卒牛軍先三日啟
行汗同滿都海賽音哈吞親統騎兵使克
式克滕部之阿來通開道至忒思布爾都
之地與威勒忒戰大勝之服其四萬威勒

忒下令威勒忒國士將嗣後房舍不得稱殿宇冠纓長不得過四指居常許跪不許坐食肉許嚙不許割改烏蘋克(奶酸)之名為扯格其部衆以食肉用刀跪請許之餘悉如令威勒忒至今猶奉行焉兵還命郭爾羅斯部托和齊少師等將兵征伊思滿太師即前此滿都古爾汗前讒害巴顏孟克博爾呼濟農者也拖和齊少師誅伊思滿

太師而納其妻郭羅代馬湍都海賽音哈吞初生圖魯博羅忒烏魯思博羅忒次生巴爾思博羅忒阿爾思博羅忒次生鄂齊爾博羅忒阿爾出博羅忒最後生阿爾博羅忒及圖魯爾圖公主皆一母馬汗又娶無量漢呼圖克少師之孫女蘈睦爾哈吞生格勒三扎格勒娶威勒忒孟格里阿噶爾古之女庫綏哈吞生噶魯帝台吉五色

三察青台吉共十一男一女也汗夙仇皆
已雪滅大賚勲臣皆賜以代達爾漢之號
馬右翼鄂爾多思圖們哈拉克坦部之拜
音珠呼爾達爾漢永奢布布列雅忒之朱
爾噶代墨爾根土默特毛名骸之多和倫
阿噶爾古三大臣諸於諸皇子中封一濟
農出鎮三藩汗封次子烏魯思博羅忒濟
農掌右翼三萬衆時永奢布之義巴來太

師鄂爾多斯部之满都賴阿噶尔古謀曰
封一主至則我等不克自專主矣乘此殺
之便謀定使石巴沁部之必爾珠麻爾伺
隙圖之烏魯思博羅咸至循濟農受封故
事詣清吉思汗寢廟行禮未至而必爾珠
麻爾伺於途冒指其所乘馬為己馬執剃
阻行烏魯思博羅咸以刃加其首曰汝未
終語而義巴来太師满都賴阿噶爾古即

怒曰女甫至即傷及無辜自兹以往我族應無遺類矣群起而攻之拜音呼爾達爾漢止之曰清於汗而封之及其來而殺之蔑視其君理乎戕君之子必受天刑弗聽擐甲率兵至一人當先烏魯思博羅忒擊倒之轉戰間叛兵大至烏魯思博羅忒中箭死汗聞震怒統大兵自翁袞進剿義巴來太師等率右翼三萬勁兵抗戰於達蘭

圖魯地鄂爾多斯之拜音珠呼爾達爾漢等七人歸命助戰汗之第三子巴爾思博羅忒從勇士四十人自土默特軍中突圍出而復從鄂爾多斯軍後掩殺而入鄂爾多斯之孟克圖克齊引其青纛來降巴尔思博羅忒遂掩白纛及樹青纛於軍誘之鄂爾多斯咸至悉殲其衆永奢布之衆殺降過半逃者追至青海收服之追殺滿都賴

阿噶爾古干那親猜達摩之地改其地曰
阿噶爾古猜達摩追殺義巴來太師於哈
密城右翼三萬皆卒巴爾思博羅忒行間
懋建奇勳封濟農命撫右翼後無量漢之
格塞承相哈拉呼拉又叛汗復親剿滅之
乃以無量漢之衆分附衆部落而滅其所
有圖們之名于是治定功成修明國政與
衆部落同享太平（矣汗）在位七十四年壽八十

而崩長子圖魯博羅忒先卒長孫鉢帝阿
拉克即汗位次子烏魯思博羅忒無嗣三
子巴爾思博羅忒封濟農掌右翼三萬衆
四子阿爾思博羅忒掌七土默特五子鄂
齊爾博羅忒掌察哈爾之巴克式克騰六
子阿爾楚博羅忒掌五喀爾喀七子阿爾
博羅忒掌察哈爾之鄂齊忒八子格勒三
扎掌北七劉來爾喀爾喀九子格勒掌察

哈爾敖漢奈曼十子噶魯帝台吉無嗣十一子五巴三察青台吉掌阿藾忒永奢布圖魯爾圖公主遣扎魯特部伯藾忒達爾漢他卜囊

鉢帝阿拉克汗

汗為巴圖孟克大衍汗之長孫圖魯博羅忒之子於即位後科爾沁之巴圖魯摩羅釵告汗曰右翼三萬暴虐性成盍討滅之以

其所屬分附左翼三萬汗從之將發兵母察哈章太后止之曰不可昔爾祖大行汗征右翼三萬於大蘭圖魯特科爾沁之烏爾圖海王奏曰此三萬之衆群聚(居)萃處後世必為子孫憂請以察哈爾鄂爾多斯兩國彙居一處而以永奢布分居科爾沁以十二土默特分攝十二喀爾喀爾祖曰殺我烏魯思博羅忒者義巴来太師滿都賴

阿噶爾古也誅之已矣右翼三萬之衆何
與爲悉宥之昔四十萬蒙古所存僅此六
萬耳今若毀之何恃以立國祖有明訓而
違之是廢先人之業也且吾聞之巴爾思
博羅忒長子袞必力克庫墨力墨爾根哈
拉濟農之子布楊古里都拉爾代清遇敵
猛勇不俟裹甲萬夫不能當墨爾根哈拉
濟農之二弟阿爾坦之子僧哥都楞忒睦

爾能躍駝峯而上墨爾根哈拉濟農之孫呼圖克台塞臣台吉知未來事博爾格代棚台吉從狐射其尾次第皆中其弟卜爾師哈坦巴圖魯累鐵錘三重射之沒羽其技能如此能必其可滅乎苟滅之不能如國事何汗從母言罷之在位四年崩子他賚孫嗣

他賚孫濶通汗

汗即位後王道恢宏人民安輯往謁清吉思汗寢廟與右翼三萬講信修睦回特巴爾思博羅忒之次子阿爾坦迎之請於汗曰列祖受命以來輔弼之臣皆封以矢韜之尊號臣仰蒙聖眷得以此號寵賜將竭力以圖報也允之時阿爾坦居歸化城自稱格根汗兵車四出擴威勒忒國收圖伯特國東界阿摩力西取賴古爾屢入明邊

累掠其琵縣明隆慶歲輸金帛稱遂王汗
在位八年子圖們嗣
圖們扎薩克圖汗
汗尊信噶爾嘛喇嘛之佛教政教並行掠明
邊朱爾漆忒納里古忒搭吉古爾咸納貢
臣服爲在位三十五年崩子布衍嗣
布衍塞臣汗
汗安撫部衆治理平康威勒忒送玉璽至

先世所失物也在位十一年崩孫林丹嗣

林丹呼圖克圖汗

汗布衍塞臣汗之長孫莽古思墨爾根台吉之子也自巴圖孟克大衍汗以來國家承平日久汗廢弛政事恣肆欺凌宗族撓亂四國率其傾國之衆（覩）征圖伯忒西行至西拉他拉崩在位三十一年

自清吉思汗至林丹呼圖克圖汗凡三十

二汗二十二世四百九年

林丹呼圖克圖汗之繗台哈呑囊囊哈呑

挈其子額遮洪郭爾阿卜廼台吉奉喪歸

國至阿爾坦厄墨格爾之地駐爲次日啓

行時欲奉嘛哈噶拉佛載於駝忽爾沉重

不能舉兩哈呑向佛頂禮而祝曰自我祖

宗以來敬謹奉佛今我等當危急之秋未

知所向仗佛慈悲指示去留詰旦視之佛

忽西東盖平日皆南向也哈吞等曰東行
吉至托里莽堪遇
太宗皇帝欽命妥撫招安之四大臣哈吞等遂降
奉傳國璽并嘛哈噶拉佛進之
太宗皇帝命建黄寺於
盛京佛仍東向供奉爲封額遮洪郭爾親王尙
國長公主無嗣阿卜鼐台吉亦封親王尙公主
生卜爾尼羅卜藏居察哈爾後叛征滅林

丹呼圖克圖汗之後裔自此遂亡
巴圖孟克大衍汗長子圖魯博羅忒之後今
烏朱睦親兩旂霍齊忒兩旂蘇尼忒兩旂
之王台吉及黄（鑲）黄旂察哈爾台吉内大臣（康熙十四年任）
（二十一年休）壽師忒内大臣阿猷正白旂子爵散秩内
大臣綽爾濟等是也
巴圖孟克大衍汗三子巴爾博思羅忒濟農
之後今鄂爾多斯六旂王台吉土默特貝

子哈穆哈巴雅思呼郎圖一旂歸化城土
默特台吉諾爾布根都拉式等及喀喇沁
漢阿海布行阿海阿拜諾音正黄旂喀喇
沁貝勒拉式奇布額駙鑲紅旂喀喇沁貝
勒必拉西額駙子爵必力克南地烏爾圖
那穟圖正藍旂喀爾沁貝勒代達爾漢布
爾噶都額駙貝子卓爾璧頭等伯副都統
索諾穆拉式副都統巴雅爾圖索諾穆都

統羅密副統統閑保三等子副都統濟昌
鑲藍旂副都統班第等是也
巴圖孟克大衍汗第五子鄂齊爾博羅忒之
後令克西克騰一旂台吉噶爾弼等是也
巴圖孟克大衍汗第六子阿爾出博羅忒之
後令巴林兩旂扎魯忒兩旂敖漢一旂奈
康熙二十三年任二十九年休
曼一旂王台吉公吉拉及鑲黃旂尚書阿
康熙四十年四月任四十六年十二月休
雍正三年正月任十年四月退
拉尼侍郎綽可托內大臣步軍統領阿濟

圖蒙古世封巴岳忒貝子隸正黃旂滿洲

尚

國長公主原封三等奉義公恩格德理領侍衛順治九年十二月任内大臣鑾儀衛總理大臣公額爾克代青四月任十六年四月休康熙九年任内大臣工部侍郎伯囊努克領侍衛内大臣阿爾泰散秩大臣康熙二十八年任三十八年卒于官拉爾泰内大臣都統五十五年任扎克丹護軍統領康熙二十一年十一月任鑾儀衛總理大臣二十三年三月任正黃旂蒙古都統領侍衛雍正四年十月任七月卒于官内大臣伯四格散秩乾隆九

年任大臣鑲藍旂蒙古十三年閏七月任副都統歷任天津都統二十五年十二月任

一等奉義侯二十七年八月轉京任英泰內大臣噶爾薩雍正五年五月任十年九月退杭州乾隆副

都統和爾敦四川總兵博爾和三等侍衛

襄善保叅將佛保子爵勲舊佐領特通阿

佐領穆通阿輕車都尉愛隆阿騎都尉兼

佐領福廣二等侍衛四十六年四月任侍衛班公中佐領一

等侯安臨等是也

巴圖孟克大衍汗第八子格勒三扎之後今

喀爾喀三汗王台吉是也

巴圖孟克大衍汗第九子格勒博羅忒之後

世封烏魯特之隆諾音貝勒吳班貝勒齊康熙九年五月初六日奉

勅延封

倫原封二等伯追贈一等恭誠侯貝勒明乾隆十五年七月三十日特旨贈

安內大臣三等男

賜號達天聰五年爾漢和碩齊昂洪都察院崇德三年任左侍郎三等

子多爾濟內大臣綽爾濟內大臣二等伯順治九年任十四年九月卒于官

郎蘋領侍衛內大臣鄂齊爾散秩大臣北

路軍營叅賛大臣都統圖喇內大臣前鋒
統領巴圖鷹鶻處總管子爵保住三等子爵
勲舊佐領佛祐領侍衛內大臣北路軍營
副將軍護軍統領侯馬蘭泰散秩大臣護
軍統領正藍旂蒙古副都統侯博倫岱侍
衛什長德裕三等侍衛德寧三等男永德
廣西南寧府知府壬申科舉人出身德坤四十八年
大理府叅將永昌辛卯科舉人德昶散秩

大臣廣州都統侯博清額佐領祥泰及正
二月初一日任　四十八年二月十四日由鑲黃旗漢軍副都統轉
藍旂伯黑達色杭州將軍扎穆揚西安將
軍宗扎布禮部侍郎羅瞻刑部侍郎劉祥
廣州都統兼勲舊佐領文常等是也
四十一年八月十八日任　四十八年二月十四日轉京口任
清吉思汗第二弟哈卜圖哈薩爾之後今科爾
沁十旂阿魯科爾沁一旂烏喇忒三旂毛
名鞍一旂四子部落一旂之王台吉是也
哈

清吉思汗第三弟鄂初古之後庫爾魯忒部落之台吉是也

清吉思汗第四弟噶初古之後今翁牛忒兩旂王台吉哈拉齊里克公索諾穆及鑲黃旂副都御史多爾濟達爾漢諾音（崇德三年七月任順治四年承政總憲任五年卒通志作諾[illegible]誤）正白旂內大臣塞爾格克（康熙十二年任二十年十月卒于官）和碩齊等是也

清吉思汗第六弟布庫博爾格忒之後今阿巴噶兩旂阿巴噶那爾兩旂王台吉是也

巴圖孟克大衍汗第三子巴爾思博羅忒濟農生有七子長曰袞必力克庫墨爾墨爾根哈拉濟農原封鄂爾多斯部落今鄂爾多斯六旂王台吉是其後也

次子阿爾坦格根汗在土默特部落為主今土默特貝子哈穆哈巴雅思呼圖朗及歸化城土默特台吉諾爾布根都爾師等是也

三子拜思哈爾賽音和托郭爾坤都倫代青汗在喀喇沁部落為主其後喀喇沁之汗阿海布顏阿海阿拜諾音台吉等是也喀喇沁其名有三其汗之子孫台吉則為西拉努忒喀喇沁其故舊勳戚之裔則為博羅努忒喀喇沁其各處俘降則為哈拉努忒喀喇沁

四子拉布克諾音在倭格新部落為主

五子和濟格爾諾音
六子捺林諾音在察罕他他爾部落爲主
七子博濟達拉諾音在永奢布部落爲主
其子孫世居哈爾哈
喀喇沁之拜思哈爾塞音和托郭爾坤都倫
代青汗生六子長曰拜渾代次曰代青三
曰薩賚四曰賔圖五曰鄂托渾岀庫爾六
曰倭哲忒

薩賚生阿拜阿拜生二子長曰綽克圖次子

布爾噶都綽克圖生卓爾壁卓爾壁生三

子長子叅領博勒次子護軍叅領查穆顏

三子關東博勒生二子長子二等侍衛達

賚次子佐領勞桑達賚生二子長子副都

統索諾穆次子都統羅家勞桑生七格查

穆顏生四子長子輕車都尉班第二子護

軍布顏三子佐領烏巴四子叨番七班第

生二子長子副都統閔保次子黑格叨畨七生札師札穆蕕閔東生阿育師阿育師生雅圖布爾噶都生伯忠班忠班生伯巴達麻桑巴達麻桑生四子長子副都統索諾穆拉西次子佐領巴雅思呼朗三子副都統巴牙爾圖四子佐領蕕朱克圖索諾穆拉西生子爵副都統濟昌蕕朱克圖生佐領多爾濟

喀喇沁素與察哈爾不和至拜渾代之孫拉
式奇布時昆弟布行阿海綽克圖布爾噶
都蕚共計使額爾濟泰恭詣
盛京表奏
太宗文皇帝願歸心
天命世効股肱之力
皇天后土寔鑒此心因率其部屬内附焉
太宗文皇帝封拉式奇布為額駙授男爵分屬正

黃旂蒙古布衍阿海之子必拉西為額駙
授子爵分屬鑲紅旂蒙古封布爾噶都為
額駙授子爵其兄綽克圖之子卓爾璧授
輕車都尉叔姪二人皆分屬正藍旂蒙古
自歸誠以來蒙
聖主豢養之恩祖宗衍慶之福子孫蕃庶世為勳
戚得享太平之福豈非早識
天心之徵驗歟

巴圖孟克大衍汗第八子格勒三札生七子
分據哈爾哈故稱七旂哈爾哈
長子阿式海達爾漢歡台吉之後今札薩
克圖汗策旺札布貝勒博貝諾爾布班第
噶爾桑等是也
二子諾音代哈灘巴圖魯之王彭蘇克拉
布坦公民朱爾等是也後
三子諾和努呼維真諾音之後凡四支一

為阿巴太土謝圖賽音汗之孫遮卜尊旦
巴呼圖克圖汗汪札爾多爾濟四額駙王
敦多布多爾濟王丹津多爾濟貝勒車卜
登扯摩初克那木札爾等一為阿布呼墨
爾根諾音之孫達爾漢親王諾餕墨爾根
濟農王古魯式奇布等一為賽音諾音之
孫王善巴代親六額駙王策楞王坤順(郡)倫
博碩克圖衮布等一為庫庫腦爾綽克圖

汗之孫公阿努里等是也
四子阿敏都拉爾諾音之後扯臣汗車卜
登班朱爾王台吉等是也
五子達賚台吉無嗣
六子德爾登坤都倫之後貝勒班第燐親
扯登札布等是也
七子塞摩貝馬之後公通摩克等是也
以上七支原係各有其國

順治間始與中國通歲貢九白厥後札薩克圖
汗土謝圖汗兄弟不睦干戈日起厄魯忒
噶爾旦之弟多爾吉札布札薩克圖汗為
土謝圖汗所殺噶爾旦為其弟復仇大破
哈爾哈諸汗諾音皆南竄入中國投降
聖祖仁皇帝加恩豢養更使大臣往多倫腦爾招
其流亡
賜復哈爾哈三汗故號諸諾音封爵有差分旂以

處之厥後
御駕親征誅滅噶爾旦
賜三汗各居故土高天厚地
恩何極焉至今子孫繁庶坐享昇平向之所謂七
旂者今兹有七十旂矣噫蒙古國既廢復
興臨亡復存皆
聖恩再造之力也一人有慶兆民賴之此之謂也
乾隆四十六年秋八月裔孫博清額重纂

蒙古世譜圖考

蒙古世譜圖考

目次

元朝秘史上世譜系

一世 巴塔赤罕

二世 塔馬察

三世 豁里察兒蔑兒干

四世 阿兀站孛羅温

五世 撒里合察兀

六世 也克你敦

七世 撏鎖赤

八世 合兒出

九世 孛兒只斤歹蔑兒干 妻忙豁兒真豁阿

十世 脫羅豁真伯顏 妻孛羅里臣豁阿

十一世 都蛙鎖豁兒 額生一目 遠見三程

四子 為朶尔邉氏

朶奔蔑尔干

于統格利水邊逃難氏中見一女名阿蘭豁阿貌美因以為妻

按孛兒只斤歹即博尔吉金特為後也速該受姓之本

十二世

阿蘭豁阿生二子

不古訥台　為不古訥兀惕氏

別勒古訥台　為別勒古那惕氏

朶奔蔑尔干殁後阿蘭夢黃白人自天下撫其腹光明透入腹內乃生三子

不忽合荅吉　為合特斤氏

不合秃撒只　為撒勒只兀惕氏

孛端察兒　娶懷朶婦人生二子

自為孛兒只斤氏此受姓之始

札只剌歹　為札荅蘭氏　乃札荅剌人之祖

阿巴里歹　為阿巴鄰氏　乃阿巴鄰人之祖

十三世
把林失亦剌禿合必赤

十四世
蔑年土敦　妻即莫侖

十五世　十六世
合赤曲魯——海都
合臣——那牙吉歹　為牙勤氏
合兀赤——巴魯剌台　為巴都剌思氏
合出剌——大巴魯剌、小巴魯剌、額兒點圖巴魯剌、脫朶顏巴魯剌　各以名為四氏
合赤溫——阿荅尔歹　為阿荅斤氏
合闌歹——子為不荅安惕氏

十七世 十八世 十九世 二十世

納臣巴阿禿兒 — 忙忽歹 兀魯兀歹

為兀魯氏 為忙忽氏

伯生豁兒多申 — 屯必乃薛禪 — 合不勒合罕

掃薛赤列 — 不列帖出把阿禿兒

察剌孩領忽 — 想坤必勒格 — 俺巴海 為泰赤赤兀惕氏

則連台 為別速惕氏

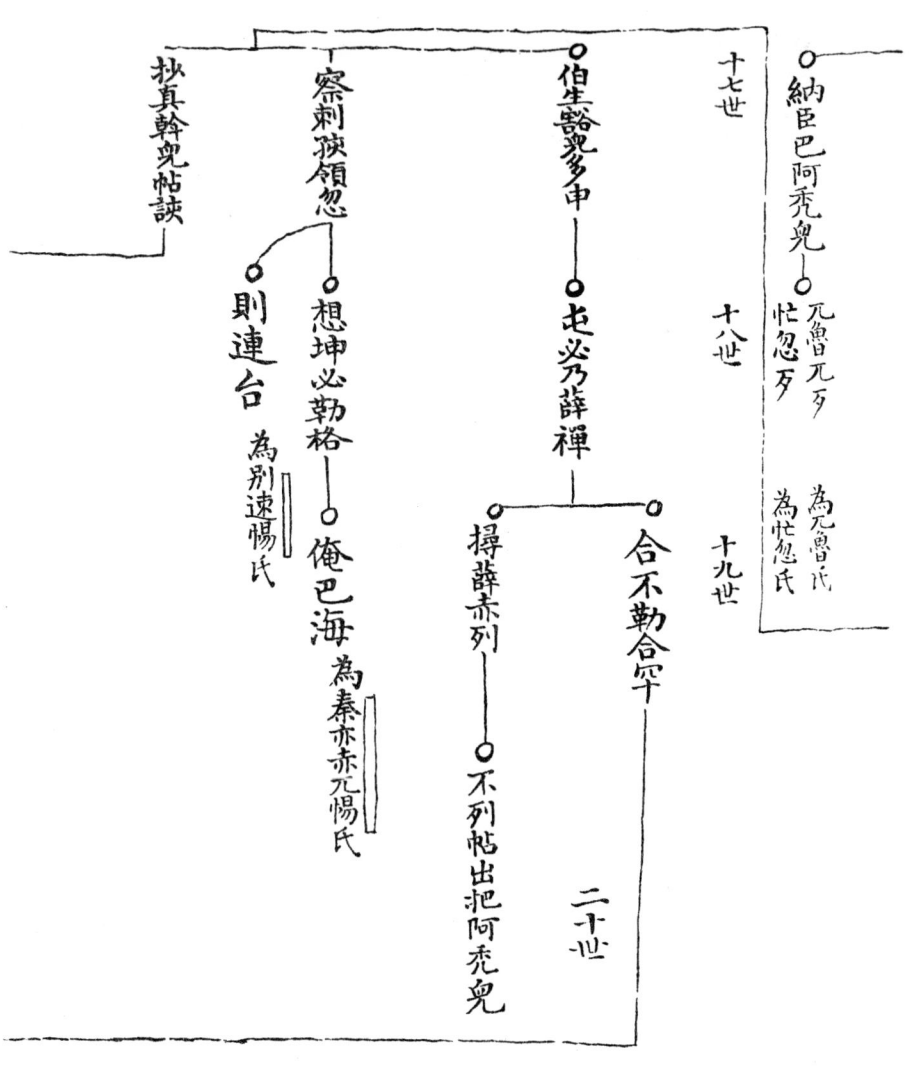

抄真斡兒帖該

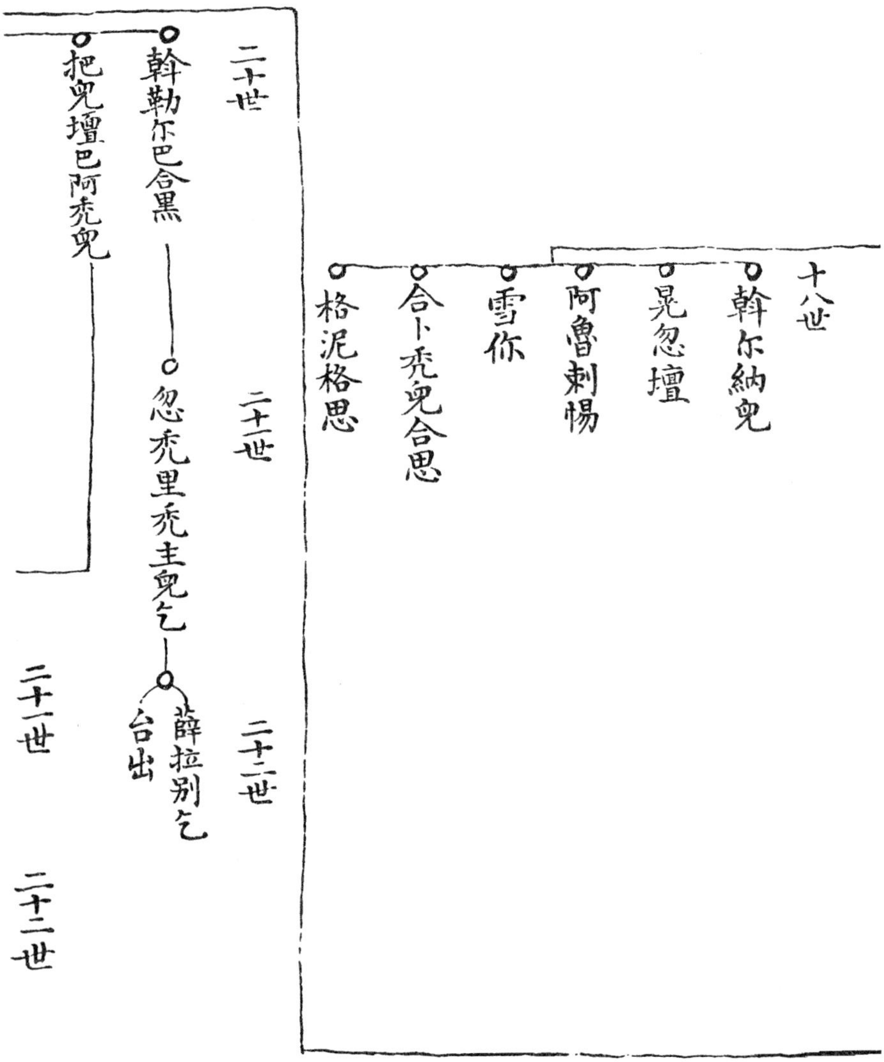
十八世
斡尔納兒
晃忽壇
阿魯剌惕
雪你
合卜禿兒合思
格泥格思
二十世
斡勒尔巴合黑
把兒壇巴阿禿兒
二十一世
忽禿里禿主兒乞
二十二世
薛拉別乞
台出
二十一世
二十二世

- 忽禿里禿蒙古兒
  - 不里孛潤
- 忽圖剌合罕
  - 拙赤
  - 吉尓馬兀
  - 阿壇
- 忽蘭
  - 也客扯達
- 合荅安
- 脫朶延斡惕赤斤

- 忙格禿乞顏
- 捏坤太子
- 也速該把阿禿兒
  - 鐵木真 是為太祖成吉思皇帝
- 荅里台斡赤斤

輟耕錄元朝世系

十一世
脫奔咩哩犍妻
阿蘭果火太后

十二世
博寒葛
博合覩撒里吉
始祖孛端乂兒

十三世
八林昔黑赤
禿哈必畜

十四世
咩麻篤敦

十五世
即娶篤兒罕
某
某
某
某

十六世
海都

十七世
拜住忽兒
某
某

十八世
敦必乃
某

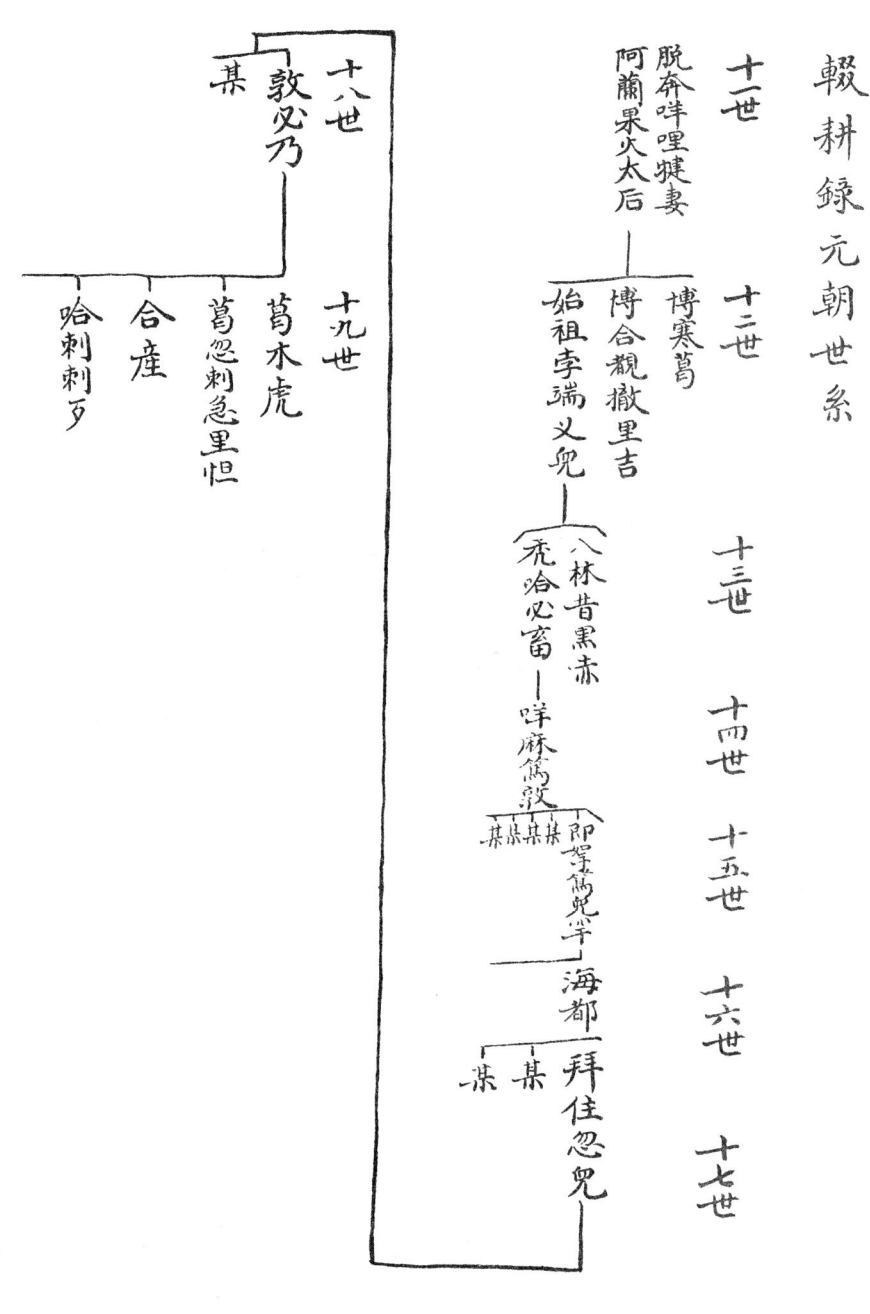

十九世
葛木虎
葛忽剌急里怛
合産
哈剌剌歹

葛赤渾

葛不律

二十世

葛不斤八剌哈哈

八里丹

忽都魯咩聶兒

忽魯剌罕

合丹八都兒

掇端斡赤斤

急闌八都兒

二十一世

蒙哥睹黑顏

聶昆大司

列祖坤元皇帝

答里真

二十二世

太祖皇帝

二十三世

朮赤太子

二十四世

拔都王

撒里答王

- 察合台太子
  - 忙哥帖木兒王
  - 脫脫蒙哥王
  - 字肅王脫—肅主寬徹 二十五世
  - 伯忽王
  - 月即烈王—札尼列王
- 太宗皇帝
  - 也迭蒙哥王
  - 合剌旭烈王
    - 阿魯忽王 二十五世
    - 八剌王—究王買住韓 二十六世
    - 威遠王阿只吉
      - 威遠王忽都帖木兒
      - 亦因帖木兒—越王禿剌 二十七世
    - 帖木兒不花王—南答失里王
  - 定宗皇帝
    - 忽察王
      - 赤兒監藏王
      - 完者也不干王
    - 腦忽歹太子
    - 木忽王—南平王禿魯
    - 滅里吉歹王—也速不花王
    - 禾哥都王—亦憐王

闊端太子—只必帖木兒王（二十五世）
　　　　—帖必烈王
　　　　—曲列魯王—汾陽王別帖木兒（二十六世）—荊王也速不干（二十七世）

曲出太子—昔列門太子—孛羅太子—晴遠哈歹
　　　　　　　　　　　　　　—褒寧王阿魯灰—褒寧王也速不干（二十八世）

哈剌察兒王—脫脫王—月別台
　　　　　　　　　—沙藍朵兒只

合昔歹王—海都王—汝寧王察八兒（二十六世）—汝寧王完者帖木兒（二十七世）—汝寧王忽剌台（二十八世）

合丹王—靚爾赤王—小薛王（二十六世）—星吉班王
　　　—也不干王
　　　—也速兒王—朧王火郎撒
　　　—也孫脫王
　　　—火你王—咬住王
　　　　　　　—火你王

滅里王—脫忽王—俺都剌王—愛牙赤王—陽翟王禿滿
　　　　　　　　　　　　　　　　　—陽翟王太平
　　　　　　　　　　　　　　　　　—陽翟王曲春—陽翟王帖木兒赤

睿宗皇帝 二十三世

憲宗皇帝 二十四世

班秃王 二十五世

阿速歹王

玉龍答失王—撒里吉王 二十六世—衛王完者 二十七世—郯王亂亂秃 二十八世

河平王昔里吉—兀魯思不花王—拜王亮火帖木兒—嘉王火你忽 二十八世

脊沙亦思的王

辨覩

忽覩都

失名

世祖皇帝—朶兒只

裕宗皇帝

顯宗皇帝

順宗皇帝

梁王松山

泰定皇帝

湘寧王迭里哥兒不花—湘寧王八剌失里 二十八世

魏王阿木哥

脫不花王 二十八世

蠻子王

西靖王阿魯

魏王孛魯帖木兒

二十五世成宗皇帝 ─ 皇太子德壽

仁宗皇帝 ─ 英宗皇帝 ─ 安王兀都思不花

二十七世 武宗皇帝 ─ 唐兀台 ─ 荅兒蠻失里王 ─ 孛羅王

明宗皇帝 ─ 二十八世 順皇帝 ─ 三十世 皇太子愛猷識理達臘 ─ 二十一世 買的里八剌

寧宗皇帝

文宗皇帝 ─ 皇太子阿剌忒納荅剌 ─ 燕帖古思太子 ─ 太平訥太子

安西王忙哥剌 ─ 二十六世 安西王阿難荅 ─ 秦王按檀不花 ─ 月魯帖木兒

北幽王那木罕

失名

旭烈兀王－

阿里不哥王

雲南王忽哥赤－營王也先帖木兒、脫歡不花太子、脫魯太子（二十七世、二十九世）

愛牙赤王┬阿不干王
　　　　└孛顏帖木兒王－也古的不花王

平西王奧魯赤－鎮西武靖王也先帖木兒不花（二十六世）┬雲南王老的罕、豫王阿忒納失里（二十八世）
　　　　　　　　　　　　　　　　　　　　　　　　　└武靖王搠思班┬乞八王
　　　　　　　　　　　　　　　　　　　　　　　　　　　　　　　└亦八班王

寧王闊闊出

鎮南王脫歡┬鎮南王帖木不花－鎮南王孛羅不花
　　　　　├威順王寬徹不花
　　　　　└宣讓王帖木兒不花

忽都魯帖木兒－阿不也不干王－八魯朶兒只王

阿八哈王

阿魯王┬靖遠王合賛
　　　└康平王哈兒班荅－幽王出伯－幽王喃忽王（二十七世）

亦憐真朶兒只王－脫脫木兒王－甚－亦憐真八的王

威定王玉木忽爾┬魏王孛顏帖木兒
　　　　　　　├完者帖木兒王
　　　　　　　└眞王孛羅－鐵木兒脫

二十二世

二十三世

兀魯赤太子

果果干太子

二十四世

乃剌忽不花王—定王藥木忽兒—某—燕大王

剌甘失甘王—鎮寧王那

撥綽王—薛必列傑兒王—楚王牙忽都—楚王脫烈鐵木兒—楚王八都兒—燕帖木兒王（二十九世）
速哥帖木兒王
孫羅不花王

末哥王—昌童王—伯帖木兒王—永寧王伯顏木兒

歲都哥王—速不歹王—荊王脫脫木兒—荊王也速不堅
哈魯孫王

雪別台王—某—月魯帖木兒
買閭也先

河間王忽察—忽魯歹王—也不干王—八八王
八八剌王—安定王脫歡—允脫思脫木兒王（二十八世）
合賓帖木兒王
伯顏罕王—安定王朶兒只班

- 淄王搠只哈撒兒 — 淄川王也苦 — 愛哥阿不干王
  - 移相哥王 — 勢都兒王
    - 齊王八不沙
    - 乂烈虎王
    - 黃兀兒王
      - 伯木兒王（二十六世）
      - 齊王龍帖木兒
      - 別兒帖木兒王
  - 脫忽王
- 濟王哈赤溫 — 濟南王按只吉歹
  - 哈丹 — 朧王忽剌出
  - 察忽剌王 — 濟南王也里只
  - 忽列虎兒王 — 吳王木喃子
  - 吳王朶列紐 — 濟陽王撥皮
- 鐵木哥斡赤國王
  - 斡端王
    - 阿不雪王
    - 愛牙哈赤王
  - 只不干王 — 塔察兒王
    - 壽王乃蠻台（二十五世）
    - 也不干王
    - 兀剌兒吉歹王
    - 奧速海王

火納耶耶（二十一世）—小哥王

廣寧王別里古台（二十二世）

也速不花王—廣陵王瓜都—帖木兒王—乃顏王—脫鐵木兒王（二十七世）

呂溫不花王—滅里吉歹王—潢察王　林札兒王　撒里蠻王　潤闊出王—定王薛徹干—定王察兒台

兗吉剌歹王

罕老忽王—霍力極王—塔出王

黑刺海王

孛羅歹王—西寧王撒魯蠻（二十六世）—卯罕王　木伯王　也只王　不只只王

二十三世

寧王濶濶出—也里干王—哈魯罕王

寧海王亦思蠻

寧海王拔都兒

寧海王阿海

元史所載世系

十二世 始祖孛端叉兒—十三世 巴林昔里剌虎哈必畜—十四世 咩麻篤敦

十五世 既拏篤兒罕—十六世 海都—十七世 拜住忽兒—十八世 敦必乃

失名

失名

失名

失名

納真—其子孫為兀察兀都

十九世

葛朮虎—子孫為那哈兒部

葛忽剌急哩怛—子孫為大八魯剌斯部

合產—子孫為小八魯剌斯部

哈剌剌歹—子孫為博歹阿替部

葛赤渾—子孫為阿吞里急部

葛不律寒

斡勤八剌哈哈—子孫為岳里斤部

二十世 八里丹 長子

次 烈祖皇帝

三子

四子

二十一世 答里真

二十二世 太祖

二十三世 朮赤

忽察

腦忽

禾忽

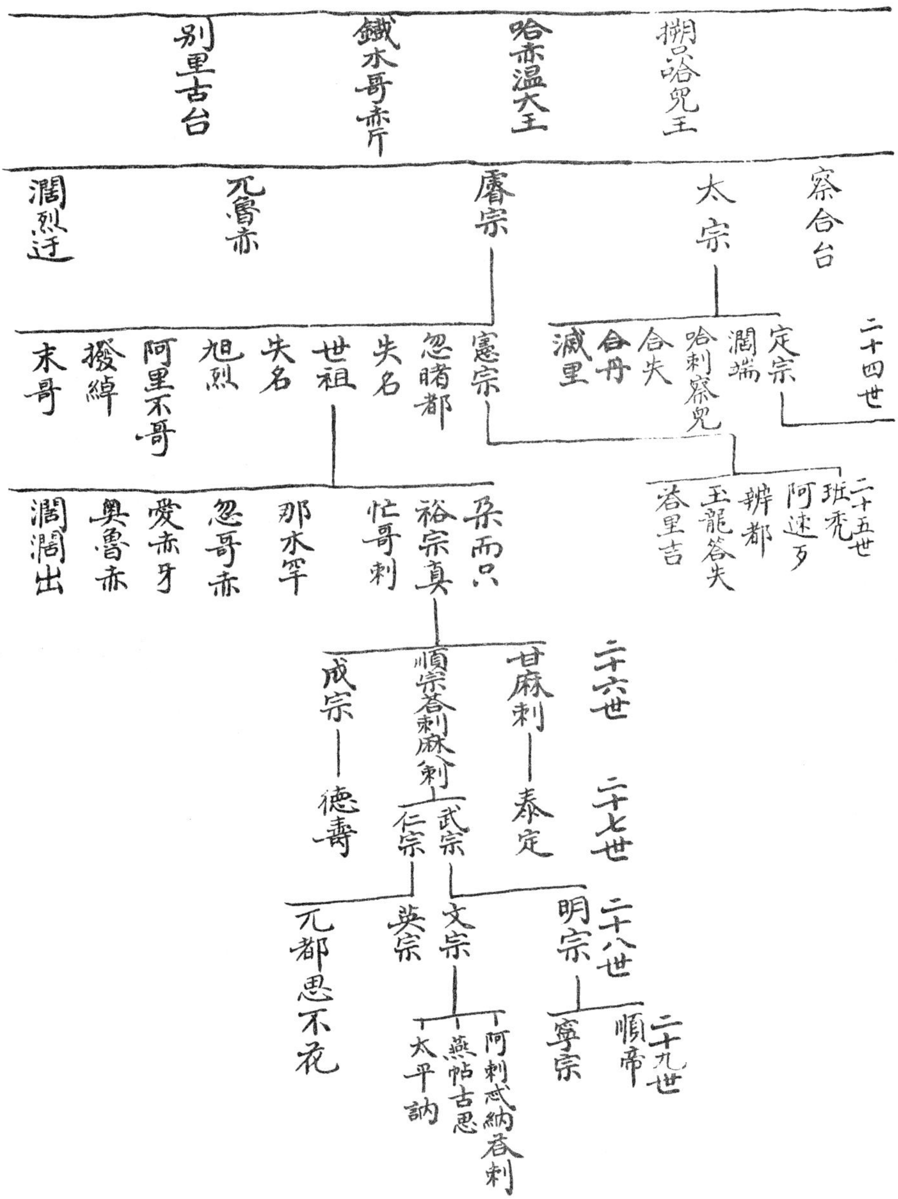

捌只哈兒王
哈赤溫大王
鐵木哥斡赤斤
別里古台
察合台
太宗
睿宗
兀魯赤
闊烈迓
二十四世
定宗
闊端
哈剌察兒
合失
合丹
滅里
憲宗
忽睹都
失名
世祖
失名
旭烈
阿里不哥
撥綽
末哥
二十五世
班禿
阿速歹
辨都
玉龍答失
昔里吉
朶而只
裕宗真
忙哥剌
那木罕
忽哥赤
愛赤牙
奥魯赤
闊闊出
二十六世
甘麻剌
順宗答剌麻八剌
成宗
二十七世
泰定
武宗
仁宗
德壽
二十八世
明宗
文宗
英宗
兀都思不花
二十九世
順帝
寧宗
阿剌忒納答剌
燕帖古思
太平訥

都哥

雪別台

脫歡

忽都帖木兒

蒙古族譜所載世系

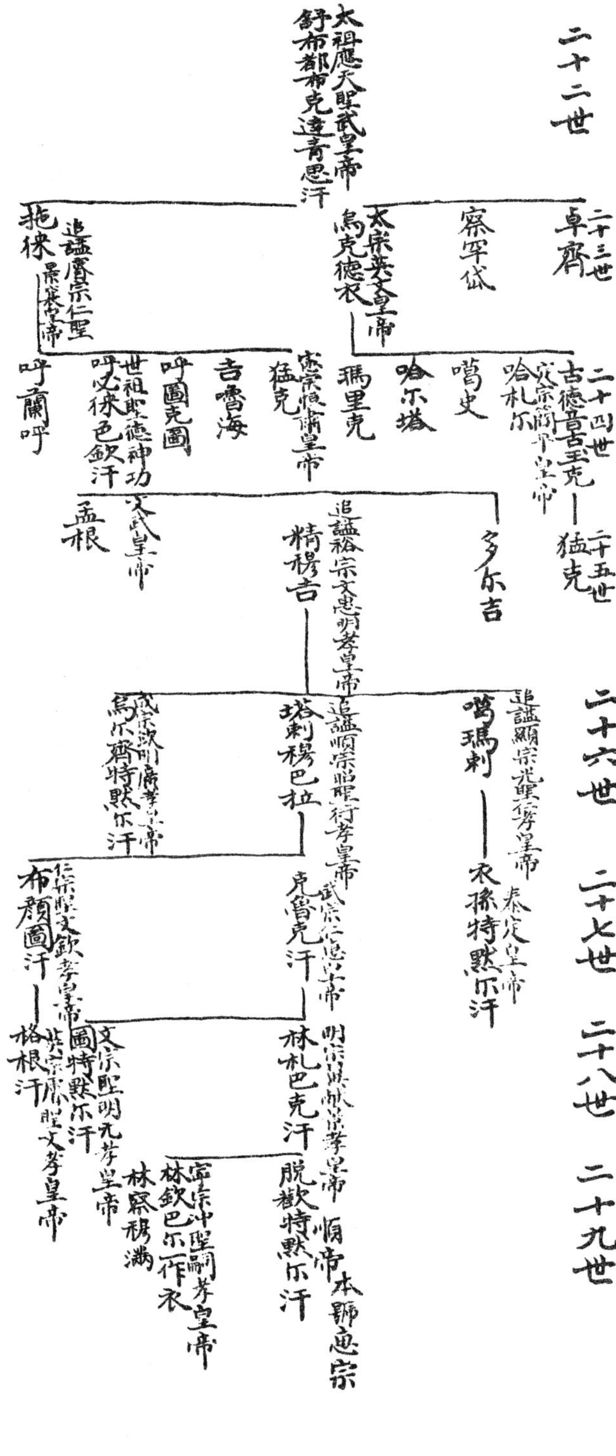
二十二世
太祖應天聖武皇帝
舒布都布克達青思汗
二十三世
卓齊
察罕岱
太宗英文皇帝
烏克德衣
追謚睿宗仁聖景襄皇帝
拖徠
二十四世
古德意吉王克
定宗簡平皇帝
哈札爾
噶史
哈爾塔
瑪里克
憲宗桓肅皇帝
猛克
吉嚕海
呼圖克圖
世祖聖德神功文武皇帝
呼必徠色欽汗
呼蘭呼
二十五世
猛克
多爾吉
追謚裕宗文惠明孝皇帝
精穆吉
孟根
二十六世
追謚顯宗光聖仁孝皇帝
噶瑪剌
追謚順宗昭聖衍孝皇帝
塔剌穆巴拉
成宗欽明廣孝皇帝
烏爾齊特默爾汗
二十七世
泰定皇帝
衣孫特默爾汗
武宗仁惠宣孝皇帝
克曾克汗
仁宗聖文欽孝皇帝
布顏圖汗
二十八世
明宗翼獻景孝皇帝
林札巴克汗
文宗聖明元孝皇帝
圖特默爾汗
英宗睿聖文孝皇帝
格根汗
二十九世
順帝本號惠宗
脫歡特默爾汗
寧宗沖聖嗣孝皇帝
林欽巴爾作衣
林察裼滿

右四圖以所追溯世次之遠近為序第一圖由永樂大典所録元朝秘史内抄出乃明初依蒙古文字譯出故音多未合第二圖陶南村輟畊所載亦有與秘史不合者然皆元人相傳畱自與後世史家追紀者詳畧不同第三圖依元史列傳編成史體率詳於諸帝之子而略其孫有勲勞者略及之故圖祇列帝子之名而不及衆孫第四圖乃合本族諸家所藏譜本詳攷所定其名號皆用今二合音字故較三譜對音為合而子孫之名則更多缺略今詳加攷訂凡字音相近可以意通者置不議所有名諱顯然不同位数

互有多寡及次序易位之處録於左以備參詢

第十二世秘史始祖兄弟五人輟耕録止載三人元史惟紀始祖而不及兄弟

第十五世秘史稱合赤曲魯兄弟七人並載六弟之名輟耕録元史皆稱即拏篤兒罕輟耕錄載兄弟五人其四弟皆係之某名元史稱有六弟自仲以下失名者五人惟載末弟納真與秘史之納臣相近

第十八世秘史屯必乃薛禪不載其弟輟畊錄則載弟某元史亦無

第十九世合不勒合罕秘史止載一弟輟耕録及元

史皆載有五兄而無弟
第二十世秘史斡勒尔巴里弟兄七人輟耕録所載
名不同次序亦異元史止載五人而存二名其巴兒
壇之為仲子則同
第二十一世秘史烈祖兄弟四人輟畊錄復載火納
耶耶一支元史則亡其長次之名
第二十三世太祖輟耕錄元史皆稱有六子蒙古諸
譜則止知有四子
第二十四世太宗輟耕録載有九子定宗居三元史
則稱止有七子蒙古譜更止載五子皆以定宗為長

且名多不合濶端太子曲出太子亦皆不載當是遺漏睿宗子輟耕録十二人元史則十一人無河間王察忽蒙古譜止五子以呼圖克圖為第三

第二十五世定宗輟畊録五子元史止載前三子蒙古譜止一子猛克憲宗子五人輟畊録辨睹居五元史辨睹居三世祖輟耕録元史俱紀十一人蒙古譜止載三人

第二十七世顯宗子三人蒙古譜載其一順宗子三人蒙古譜載其二

第二十八世仁宗子二人而蒙古譜止載其一蓋皆

紀帝世而略旁支也

謹案元太祖自宋開禧二年丙寅建國至順帝至正二十八年戊申北狩凡立國百十有二年越二年庚戌殂歷太祖太宗定宗憲宗世祖成宗武宗仁宗英宗泰定明宗文宗寧宗順帝其睿宗乃憲宗所追謚裕宗乃成宗所追謚顯宗乃泰定所追謚前圖所載有名有號按史稱太祖為成吉思皇帝其下則自世祖而後始載國語之號薛禪即色欽成宗曰完者篤者俄爾者衣圖也武宗曰曲律者古魯克也仁宗曰普顏篤者布顏圖也英宗曰

草堅者格根也明宗曰忽都篤者呼圖克圖也文宗曰札牙篤者吉牙哈圖也蒙古文譜内多載名而武宗仁宗英宗明宗則載號按史武宗諱海山仁宗諱愛育黎拔力八達英宗諱碩德八剌譜皆不載惟明宗諱譜為林札巴克史為和世瑓不同當俟考

蒙古國主世系圖 上

三十世　三十一世　三十二世　三十三世　三十四世　三十五世

- 必里克圖汗
- 烏堪圖汗脫歡 特默爾
  - 烏薩哈汗
    - 恩克卓里克圖汗
    - 額爾必克尼古勒 蘓克齊汗
      - 昆特默爾汗
      - 烏爾哲特默爾汗—搭爾巴克汗—阿台汗
    - 哈爾瑚察克都 稜特默爾渾台吉
      - 阿齋台吉
        - 太宗汗
          - 莫倫汗
          - 默爾古爾格思汗
        - 阿布喀爾津吉濃—哈爾瑚查克台吉—巴彥猛克博爾和吉濃—巴圖猛克達音汗
        - 滿都護爾汗

蒙古國主世系圖 下

三十六世 巴圖猛克達音汗

三十七世 圖嚕布博羅特—博第阿拉克汗、打來孫布通汗、圖們札薩克圖汗、布彥塞欽汗、莽古思默爾根台吉、林丹呼圖克圖汗 此支自下世絶滅

（三十八世） （三十九世） （四十世） （四十一世） （四十二世） （四十三世）

烏嚕斯博羅特

巴爾斯博羅特

阿爾思博羅特

鄂齊爾博羅特

阿爾楚博羅特

阿爾本博羅特

格哷三札

三十七世 格哷 — 三十八世 烏班 — 三十九世 齊倫 — 四十世 明安 — 四十一世 朗素 — 四十二世 巴圖 — 四十三世 瑪蘭泰 — 四十四世 德裕 — 四十五世 廷璋 — 四十六世 寳齡

卡嚕第台吉

烏巴三察青台吉

前圖紀順帝以下之世系凡八世蓋自奔應昌而後諸主皆立於流離播越之中一時强臣亂卒紛起是以日漸式微國中之註記多湮而明人之紀載亦舛是圖合諸支之譜詳加校勘僅得其世次如右圖内烏堪圖汗者惠宗也順帝乃明太祖追謚者本國則稱惠宗朱竹垞書高麗史後庚申遁走之後高麗間猶通史稱為北元北元主洪武庚戌四月殁國人追謚曰惠宗必里克圖汗者哲宗也按譜惠宗殂次子哲宗繼立是即愛育識里達臘改元宣光洪武十一年六月殂傳位脱古斯帖木兒改元天元譜中之烏

薩汗也惟譜中作弟史稱為子不同耳卒子卓里克圖汗立譯言昭宗也卒傳位於額爾必克尼古爾蘇克汗額尔必克尼古尔藴克汗卒傳位于昆特默尔汗明史則謂脱古斯帖木兒五傳至坤帖木兒咸被弑朔漠圖謂在建文三年嗣位者為烏尔哲特默尔汗是應即本雅失里為臣下所迎立者宣德年間殂再傳塔兒巴克汗阿台汗者荅兒巴克之族人也荅尔巴克汗無嗣繼立旋為瓦剌脱歡所弑而立太宗汗太宗當作德宗應是明史所載脱脱不花景泰年間為脱歡子額森所弑立其子麻兒可兒當是莫倫

汗之名為史稱小王子之始麻兒可兒殂衆立馬尔可兒吉思即譜中之默爾古爾格思汗亦稱小王子嗣是遂以為世號明史孝宗元年夏小王子奉書求貢此小王子仍當是馬尔可兒吉思自是與伯顏猛克王等屢入貢為乩加思蘭弑無嗣其滿都護汗亦在此時蓋蒙古地復亂中朝所記益淆混矣巴圖猛克汗者巴顏猛克王之子也衆擁立稱中興焉一統志所記之歹顏可汗也以上為第五圖自是蒙古譜牒始備有可攷而凡蒙古子姓皆奉以為始祖故别為第六圖明史所傳卜赤為俺答吉囊伯父之子似

博第汗之音訛其子打来孫汗亦見於明史因厭兵自歸化城徙帳遼東邊外始立察哈爾之號子爲圖們汗在隆慶時明人遂以土蠻部呼之林丹呼圖克圖汗少孤繼祖布彥塞欽汗位明史所載神宗四十一年入寇之插漢虎敦兎也天聰六年老病殂子二人皆降

本朝自爲圖於後拔圖猛克汗之子孫分支者亦各爲圖附焉

蒙古子姓分派圖

按拔圖猛克汗子孫可考者凡五支

第一支大宗為帝系自博第阿拉克汗至林丹瑚圖

克圖汗皆載於前是為察哈尔

本朝崇德年間林丹汗殂其子二人皆歸附封為親王傳

二世爵除

按長房子孫今為烏朱穆秦蒿齊特蘊尼特鄂漢

奈曼克西克騰八旂

四十三世

林丹瑚圖克圖汗——和額親王固倫額駙控

古勒顧哲

親王阿布

親王布尔尼

羅卜藏

博第阿拉克汗之弟 是支爲鄂漢克西克騰奈受

三十八世
吳巴三察阮迷克諾圖

三十九世
圖謝圖諾音

四十世
阿穆台綽尔吉

黃台吉

札拉丁諾音

色欽諾音

吾把圖魯

額尔德尼吹庫尔

恭圖巴圖魯諾音

忠圖塔尔汗巴圖

魯諾音

必齊克齊諾音
格色岱
鄂渾 布顏圖

布雅棲諾音
布陽古賚音巴
圖魯諾音
奴羊古濟爾淡楚
克庫爾諾音

四十一世
額參德勒洪巴圖魯
鄂靈阿默爾根台吉
必里克昆都倫代音
瓦色
魯格台吉
圖巴
布達錫哩台吉
桑阿爾寨台吉
額爾根寨台吉
阿克格森
額布根
鄂拜
明愛綽克託台吉
四十二世
碩毋瑚什瑚嚕

額森威徵
- 忠洪威徵巴圖魯
- 占禪
- 占泰默爾根
- 色陵鄂爾都齊公
- 楚克巴圖魯
- 完泰圖謝圖
- 綽克圖

四十世 圖章都稜 → 四十一世 賽音都稜岱青
- 四十二世 桑阿爾賽吳巴什
- 索諾木都稜
- 色稜色欽 → 四十三世 白第
- 索諾木默爾根台吉圖巴
  - 吳巴
  - 布顏岱

第三支

三十七世 巴爾斯傅羅特

三十八世
古溫必里克孫墨里默爾哈剌濟濃
按此即明史所載吉囊今為鄂爾多斯

阿爾坦格根汗
按此即明史所載俺荅今為土默特

拜思哈爾賽音和託和爾

三十九世
拜渾代汗
代青薩賴
炳圖
額渾楚庫爾
烏哲特

四十世
阿拜
按此支今為喀爾沁

庚根諾音
代漢諾音
昂昆塔爾漢洪都稜諾音

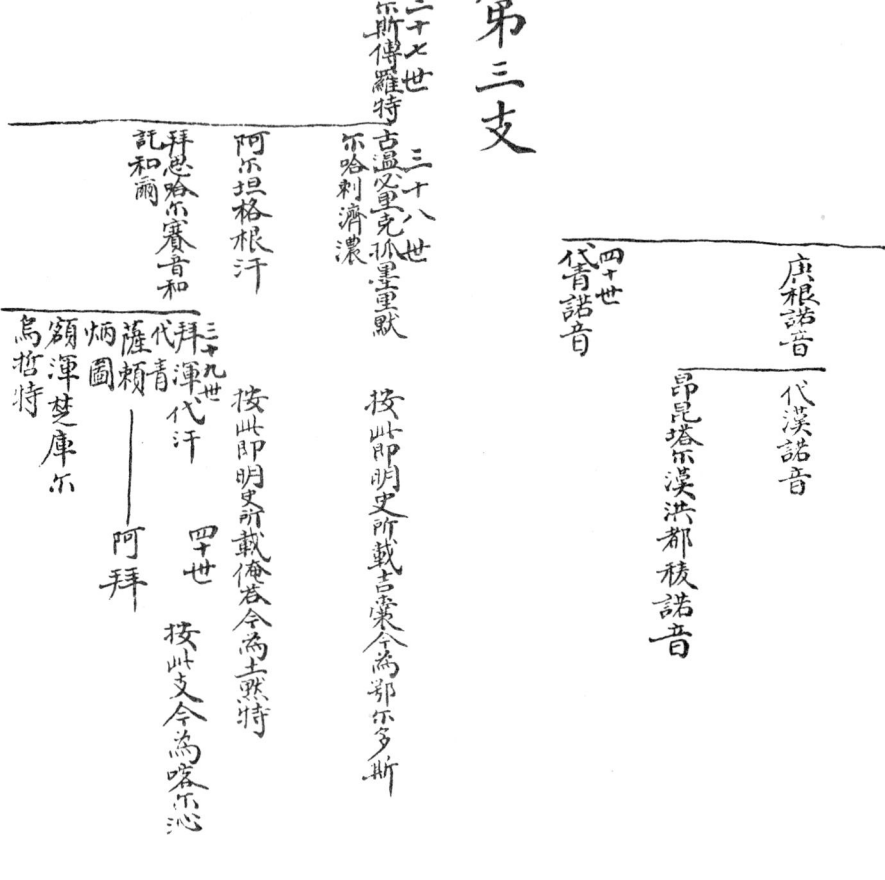

四十世
代青諾音

昆都倫代青汗

拉布格諾音

那林諾音

活吉格爾諾音

博吉達爾諾音

第六支　按此支今為巴林札魯特巴育特

三十七世

阿爾楚博羅特

第八支　按此支今為喀爾喀

三十七世　格勒三札

第九支　按此支今為吳魯特

三十七世　格勒

右三圖備載扳圖猛克岱音汗之子及後世分支凡知其始祖世系按譜稽之皆可知其世次按今四十九旂中之敖漢柰曼札魯特蒿齊特烏朱穆秦巴林克西克騰蘇尼特鄂尔多斯歸化城土默特二十一旂及喀尔喀七部皆分注於前吴魯特巴育特二支子孫皆入列八旂故幕外無人其内旂之左右翼喀尔喀四子部落俱喀尔喀分支毛明安乃阿尔坦即俺達之曾孫格根汗之次子也此外則分姓及姻婭矣雖年世已遠載紀半湮而以傳聞合之古乘亦多符合因略列圖說如前云

令名炳然

二等伯謚忠順明安碑

國家丕基創造時有英傑之士繇遠方而歸命生膺顯爵沒受榮名所以昭勸也惟爾明安以雄姿撫衆倡先嚮化自

先皇鼎建之年率部来歸授以三等京奇尼哈番以云顯秩矣時逢崇祀大典念爾成勞陞授二等京奇尼哈番予之世職嗣朕統一中原肇修古制

尊隆之禮念爾匡輔有年進爾為三等伯
又大婚上加
徽號推恩榮封進爾為二等伯延以世賞
庶幾克酬勳庸茲爾盡瘁以沒爰俞禮臣
之請識諸貞珉為效順者勸云
大清順治十一年八月　初八日立

原封二等伯勅

奉

天承運

皇帝制曰朕惟尚德崇功國家之大典輸忠

盡職臣子之常經古聖帝明王戡亂以武

致治以文朕欽承往制甄進賢能特設文

武勳階以彰激勸受茲任者必忠以立身

仁以撫衆智以察微防姦勇以折衝禦侮

綫無暇時能此則榮及前人福延後嗣而
身家永康矣敬之無怠
巳圖病故將
恩詔所淂之官留下與親男馬蘭泰仍承襲
二等伯世襲罔替如前
康熙四十三年九月二十五日
內閣奉
上諭馬蘭泰之祖明安原係吳魯特部落之貝

勒

太祖皇帝時納款歸順在軍中亦甚効力建立

功勳授爲二等伯現令伊孫馬蘭泰承襲

朕念明安勞績格外施恩賜與頭等侯爵

着馬蘭泰承襲世襲罔替欽此

雍正七年二月二十四日

草職將親祖之孫博倫岱仍承襲一等侯

世襲罔替如前

乾隆元年五月二十五日

奉

天承運

皇帝制曰我朝誕膺丕命建德酬庸列爵有五咸惟顯秩以興文武勳舊世受多福休哉朕惟禮稱侯執信圭詩美韓侯受命漢世封爵是有列侯累代相承斯制尤備然而崇德象賢必稱名表績粵若冠軍定遠

令名炳焉迺者公爵已賜嘉名而侯封僅
分等次緬維往烈良厪於懷茲特推廣成
規並昭休美俾前徽歷久以彌彰厤後嗣
祇承而無怠惟一等侯明安納款歸誠早
矢靖共之志建勛樹績彌堅篤棐之忱可
封爲一等恭誠侯命爾孫博倫岱承襲於
戲冠兩字於崇班成勞丕著翊千秋之鴻
業世職允修

乾隆十五年七月三十日
博倫岱病故將伊子德寧仍承襲一等恭
誠侯世襲罔替如前
乾隆二十二年十二月十七日
德寧病退將伊親伯之子三等精奇尼哈
番博清額仍承襲一等恭誠侯世襲罔替
如前

明安滿洲正黄旗人原係蒙古吴喇忒貝
勒
太祖高皇帝乙未年遣使通好天命二年来獻
駝馬
太祖率諸貝勒迎於百里外大宴入城率所屬
来歸授三等總兵官世職天聰三年
太宗文皇帝大舉伐明明安率兵来會
太宗命率滿洲兵八十名及蒙古全軍征察哈

爾國降其邊境二千户以歸五年從大兵

樞壕圍大凌河明兵突出圍我所得臺堡

明安同各固山額真率兵齊擊之敵兵大

敗我兵追殺至城壕而還既而

太宗以計誘大凌河兵明總兵祖大壽率兵出

城明安同宗室篇古阿哥等領兵進擊大

敗之崇德三年

太宗親征喀爾喀明安復率兵來會並獻駝馬

俱却之六年
賜頂帶朝衣鞍馬弓矢甲冑併人口加世職為
三等昂邦章京順治九年三遇
恩詔加至二等伯十一年卒子六人以幼子郎
蘇襲伯爵長子昂洪達爾漢和碩齊次子
多爾濟最知名
昂洪明安長子初隨父授遊擊世職天命
十一年從大貝勒代善等征囊努克扎魯

特天聰五年從大兵征明錦州大淩河俱
有功超授三等梅勒章京世職
賜名達爾漢和碩齊順治二年以係
太宗文皇帝眷碩舊臣加世職二等梅勒章京
七年
恩詔准世襲卒子鄂齊爾襲官至内大臣見淂
謚名臣傳
多爾濟明安次子初隨父来歸天聰八年

授牛彔章京世職崇德元年隨大兵征明
至宣府率數人敗敵兵五百餘又隨征錦
州及克西克滕俱有功三年擢都察院左
參政四年加世職爲甲喇章京五年二月
同阿什達爾漢奏論諸王固山額真凡事
推委刑部論罪太重
太宗文皇帝是之六年明經畧洪承疇率兵十
三萬援錦州

太宗親統兵往征明師懼遁因遣多爾濟往視
阿賴庫魯克達爾漢伊拜等杏山駐營之
地並察斬敵多寡
命率精兵二百五十人伏於高橋大路是日敵
兵千人自杏山遁出我伏兵起擊追至塔
山斬獲甚衆是夜復奏
命率兵隨貝勒多鐸設伏邀明總兵吳三桂王
樸率兵從杏山奔寧遠我噶布什督兵要

擊之敗走至高橋我伏兵四起阻截前路
敵手足無措各路潰竄追擊至暮始收兵
三桂等僅以身免論功超遷世職爲一等
梅勒章京順治二年以
定鼎燕京推恩舊臣加三等昂邦章京世職
七年
恩詔准世襲罔替弟訥木僧格明安第五子也
順治十七年以一等侍衛從征福建海賊

率本翼兵攻廈門力戰陣亡康熙二年從
優議卹贈拜他喇布勒哈番兼一拖沙喇
哈番以其從子希扈爾承襲
鄂齊爾滿洲正黃旗人二等伯明安之孫
三等阿思哈尼哈番昂洪達爾漢和碩齊
之子也祖父俱見世職名臣傳鄂齊爾初
襲父職
恩詔加為二等阿思哈尼哈番由侍衛至內大

臣順治九年陞領侍衛内大臣任事勤謹
克盡厥職十四年卒於官
賜祭葬如典禮謚勤恪

高祖貝勒二等伯追封一等恭誠侯明公

傳

王孫全部顧朝

天萬里傾心向

日邊

黄幄款賓迎百里

丹書拜爵賜千年大淩堅甲擐河上察爾揮戈

跪帳前汗馬功勳真報國英姿爽颯畫淩

孫德坤拜題

煙

百里郊迎

恩遇深

皇天眷頎自歸恍東溟纔湧中天日北土先輪

寸草心緑梵昭勳

錫甲第

丹書免死奉

綸音小孫謹戴恭誠謚自恨庸愚定不任
乾隆四十六年歲次辛丑春正月上元吉
旦三世孫博清額盥題

題曾伯祖多公傳諱多爾濟原任蒙古
承政世襲一等子

大淩河上戰塵深設伏高橋報捷音二百
五人方策馬十三萬衆已成禽

曾伯祖以二百五十人設伏高橋敗明
洪承疇兵十三萬吴三桂王樸僅以身免

千年鐵券頒天府七世蒲圭拱禁林（曾伯祖賜子爵世襲罔替）祠墓遼東誰奠掃秋霜春露淚難禁

孫德坤敬題

郎蘇滿洲正黃旗人吳喇忒貝勒二等伯明安之第六子也幼襲伯爵擢内大臣侍幃幄從

龍入關賜第於地安門外其地即前明定國公退朝憩息之故府也康熙年間隨領兵大將軍安和安親王征江西建昌府同都統朱喇善雅賴阿喀尼進兵鄱陽湖斬首一百餘級獲船六十隻偽印三顆賊從饒州

敗遁列兵拒戰復破之獲船百隻又同固
山額真和推進兵平江敗僞總兵裘英斬
首百餘級破其巢穴復有僞總兵朱泰謝
辛劉裘等率馬步萬餘排列鎗砲鹿角拒
戰公率八旗勁旅及緑營兵進發過河追
殺三十餘里斬首六千餘級生擒僞副將
二員遊擊一員守備六員千把總共九員
賊兵一百八十名盡行正法獲大小砲七

十九座坐纛八十六桿鳥鎗長鎗腰刀大刀無算僞劉付三十四張又同固山額真和推前往岳州長沙等處征踞平江之賊直破城門羣賊逸出追奔二十里獲劉付十五張僞印一顆馬九匹生擒賊兵已斬盡恢復平江賊復踞鄱陽湖餘干縣公同副都統朱喇善率兵前進復有賊兵五千戰船三百在巴口排列鎗砲拒戰公率八

旗砲手兵丁奮力攻打陸續前進直抵武

岡州地方斬首三千餘級獲船百七十隻

偽副將陳留仁於陣上斬獲復斬偽官員

十餘人賊兵百餘人獲器械什物無數恢

復餘干自出征以来每立奇績得頭等功

牌甚多公生長塞外武藝絶倫挽强射生

麗龜達掖馳逐峻坂上下如飛每攻戰先

登陷陣單騎直前鐵棍重六十觔萬夫辟

易不戴兜鍪軍中有光頭將軍之號夜則親巡營壘紀律嚴明刁斗旌旗精彩整肅人望見之知其為郎公營也尤能與士卒同甘苦人咸樂為效命故所向克捷未嘗失利雖刀痕箭瘢刻膚殆遍而凱旋之日口不言功尤為人所推重云後因事奪爵以長子班第承襲預構生墓於鷹房之北築亭館植花木徜徉其中若將終老焉長

子病退公仍復伯爵從容
丹禁者又二十年以疾卒於官
御賜祭葬立碑墓道子五人長班第襲伯爵次
舒庫勒襲胞伯納木僧格陣亡
恩賜之騎都尉又一雲騎尉三佟保襲胞伯昂
洪達爾汗和碩齊之三等男四巴圖襲二
等伯即一等恭誠侯馬蘭泰之父五保住
襲胞伯綽爾濟之三等子即一等恭誠侯

博倫岱之父自貝勒明安納款歸誠即封
伯爵諸子俱登顯貴五等之封已備其三
以故貂蟬奕葉冠蓋盈門固祖宗之貽謀
實
朝廷之恩賜也

曾祖二等伯追封一等恭誠侯郎公傳

位列躬圭

帝澤優傳家三世又封侯一枝早擅射鵰藝百戰難消汗馬愁巴郡降旗收峒甲鄱陽桴鼓動湖舟綿綿瓜瓞嗣孫子弓冶常貽燕翼謀

孫德坤拜題

保住滿洲正黃旗人吴喇忒貝勒二等伯
明安之孫二等伯内大臣郎蘇之第五子
也幼即承襲伯一等子内大臣綽爾濟嗣
長襲子爵充侍衛長頭等侍衛兼管鷹鷂
處大臣康熙閒濟南大飢地方官吏經理
不善特
旨命公前往賑恤閒命即星夜馳往察戶口支
給糧米周恤備至復念百姓赴倉領米僕

僕靡寧將所帶駱駝馱運米糧親往各村按戶支散終日忘疲又恐官糧不敷自出己貲泛海載米以濟困窮全活者甚衆民咸感恩作為德政歌傳聞遠邇有此日此官倘不到空費皇糧不救飢為官個個存此心自此天下窮人少之句迄今山東父老猶有能道其事者 誠親王幼時在家撫養即與王讀書恩禮有加王以兄事之

田產貲財全奉與王

世宗憲皇帝仍賜復焉每引

見騎射嫺熟清語諳詳

聖祖仁皇帝嘗嘆以爲與王相似也伯父先塋

與本身墳墓皆王所置迄今春秋二祭王

子三貝子猶奉行焉年四十九以疾卒於

官

賜祭葬立碑墓道公天資純厚事親以純孝稱

花萼之情老而彌篤恂恂謹飭無急言遽色處富不吝居貴不驕所以祥和之氣久而彌昌陰騭之報數傳滋大長子保壽次子佛佑俱襲子爵三子博倫岱以蔭生承襲堂兄之一等恭誠侯任散秩大臣副都統孫公布襲佐領德寧博清額俱襲侯爵德坤以舉人任知府重孫十三人所謂積善之家必有餘慶殆不虛云

二等子二等侍衛保公奉

命賑飢德政歌　　東民

保父母布　皇糧丹心一點賑飢荒代天賑

民真父母大地人歌股肱良

保父母㬎清廉　欽命山東賑荒年日用供

給皆自備不費民間一個錢

保父母　欽命官人不淂听心不安視民無

衣解子服老幼個個頌青天

保父母慈悲心見民無錢資囊金衝寒不頋
身安便頻把紅爐與民分
保父母體民艱哀人路遠少盥纏疼痛飢民
楞腹苦含淚平分廚下餐
保父母最仁和助賑捐金三萬多人人渇忘
飢寒苦四海焚香唸彌陀
保父母甚周詳一飢不遺　皇恩蕩外救民
生五千命合郡人歌恩流長

保父母忠且謹一心奉　命濟飢民假館僧
宇菲飲食宵衣不暇安衾枕
保父母善御下隨身使從有禮法不敢分外
生閒事寧邑居民個個誇
保父母世所稀爲民忘身出　帝鑒此日此
官倘不到空費　皇糧不救飢
保父母總是好千言萬語稱不了爲官個個
似此心自此天下窮人少

先祖二等子追封一等恭誠侯保公傳
五等榮封異外僚繡衣持節起民凋賑飢
萬戶曾臨魯轉粟千帆竟渡遼碑上巴歌
留下里庭前喬木賜
先朝百年堂構誰繩武民社懃膺萬里遥
孫德坤拜題

維我博爾濟吉忒一姓出自成吉思汗之裔巴圖猛克汗第九子格勒之後也格勒受封於吳喇忒地方世為君長士馬精强諸蕃畏服傳及吳班齊倫皆世守其土迨至明安以貝勒納款

大清於

太祖高皇帝時率部落來歸其同來者本族共五部落貝勒七貝子十四公爵並台吉無

算分封八旗其中奉義公一恭誠侯一伯
爵二世襲散秩大臣二子爵十男爵三輕
車都尉雲騎尉勳舊佐領共百數十員佐
領下即原帶来之朱伸也
國初以部下人掌之今仍歸本族台吉管理
明安以貝勒賜伯爵卒謚忠順
賜塋於瀋陽城外之老鴰店立碑墓道為置守
塜者二十户

皇上兩次東巡俱遣大臣致祭長子昂洪以功
封男爵
賜名達爾汗和碩齊次子多爾濟以功封子爵
五子納木僧格以陣亡
賜騎都尉又一雲騎尉六子郎蘇襲伯爵勳舊
佐領二至孫瑪蘭泰蒙
世宗憲皇帝念明安軍中勞績特
旨晋封一等恭誠侯世襲罔替餘俱為顯官繩

繩繩振振迄今貂蟬不絕皆貝勒燕翼貽謀之所致也凡為子孫者承祖宗遺緒覩弓冶則當思先人汗馬之勞撫冠裳則當念

大朝鴻恩之重兢兢業業共傳永久是所厚望也夫

博爾濟吉忒氏世譜

巴圖猛克達顏汗

圖魯博羅特 此嗣布顏車臣汗
烏魯斯博羅特 此嗣六鄂爾多斯
巴爾斯博羅特即儂 此嗣土默特
阿爾斯博羅特 此嗣鄂遮特鄂特
鄂吉爾博羅特
阿爾出博羅特 此嗣巴林札魯特巴岳特
阿爾博羅特
格勒三札 此嗣喀爾喀
格勒博羅特 此嗣烏魯特
噶魯第台吉
烏巴三久台吉

烏魯特貝勒格勒博羅特子貝勒吴班孫貝勒齊倫諾音重孫貝勒明安

按格勒四世俱受封于烏魯特地方世爲君長迨明安納欵

大清率其全部来伸来歸封伯爵謚忠順始入滿洲爲正黄旗人

一等男內大臣賜名達爾汗和碩齊昂洪一等男領侍衛內大臣謚勤恪鄂齊勒子丹岱阿玉寔相繼承襲男爵俱無嗣

一等子內大臣都察院左叅政多爾濟子博羅早卒無嗣古魯班第俱早卒無嗣

貝勒二等伯謚忠順追封一等恭誠侯明安

一等子內大臣勳舊佐領綽爾濟無嗣以胞兄郎蘇之子保住爲嗣承襲子爵

一等子一等侍衛陣亡謚直勇贈騎都尉又一雲騎尉納木僧格無嗣以從子舒庫勒襲陣亡世職准襲三次

二等伯內大臣勳舊佐領追封一等恭誠侯郎蘇子五人

二等伯內大臣班第

無嗣以舒庫勒三子明忠爲嗣
胞弟巴圖襲伯爵

騎都尉又一雲騎尉舒庫勒　子三人

二等男領侍衛內大臣佟保　子一人

二等伯領侍衛內大臣勳
舊佐領追封一等恭誠侯
巴圖　子一人

二等子頭等侍衛勳舊
佐領管鷹鷂處大臣
保住　子三人

二等伯內大臣勳舊佐領追封一等恭誠侯郎蘇

二等伯內大臣班第

過繼子

襲堂兄圖喇之二等男任二等侍衛孝陵總管

明忠

三等男二等侍衛現任雲南大理提標遊擊

永昶

辛卯科舉人

德昶

官學生

河圖

文瑞

麟書

慶椿

仙椿

騎都尉又一雲騎尉 舒庫勒

戶部員外郎 巴特瑪

騎都尉又一雲騎尉二等侍衛勳舊佐領 二格

二等男二等侍衛孝陵總管 明忠

閒散 普德

騎都尉又一雲騎尉勳舊佐領二等侍衛 裕德

閒散 成德

勳舊佐領 永德

閒散 慶德

勳舊佐領 來儀

勳舊佐領 來福

護軍 來智

樂善

二等男勳舊佐領
領侍衛内大臣 佟保

二等男散秩大臣
都統領侍衛内大
臣勳舊佐領北路
軍營叅贊大臣 圖喇

二等侍衛 恒均

刑部筆帖式 履中

護軍德興

親軍裔霖

俱無嗣

二等伯勳舊佐領領侍衛內大臣追封一等侯 巴圖

二等伯晉封一等侯散秩大臣 領侍衛內大臣 北路軍營叅贊大臣副將軍 瑪蘭泰

固山額駙 三等侍衛 德裕

哈哈諸子 廷璠

繙譯生員 廷瑋

清字經館繙譯官 廷瑞

官學生 廷琳

官學生 廷璨

廷珪

廷璣

廷璉

二等子頭等侍衛勳舊佐領管鷹鷂大臣追封一等恭誠侯 保住

二等子二等侍衛勳舊佐領 保壽

三等子勳舊佐領旗員行走 佛佑

由廕生襲一等恭誠侯散秩大臣護軍統領前統領副都統公中佐領 博倫岱

勳舊佐領 公布

閒散 金布

三等子兼一等恭誠侯二等侍衛散秩大臣 博清額

一等恭誠侯三等侍衛 德寧

壬申舉人前任雲南尋甸州知州特授廣西南寧府知府 德坤

勳舊佐領 祥順

閒散 祥泰

明保

重錫

拜唐阿 博惠

博義

博善

博達

博俊

清字館繙譯官候補筆帖式 阿琳

鶴書

虎臣

虎拜

鵬年

奇渥王孫奕葉昌兮封內外姓名揚婚姻

帝室百年久屏翰

中華萬里長傳世金貂綿胄子歸

朝白馬咏賓王休誇本族

恩榮重部下朱伸亦宰桑

德坤敬題

編製者　蒙古　克興額

蒙古世系表

中華民國二十三年十月發行

南京蒙藏旬刊社出版

編輯大意

蒙古世系源遠流長其歷代分佈與地自古與中國邊塞相接故其部族之强弱關係中國盛衰甚鉅查大漠南北之地在唐以前不入版圖史亦乏紀迨唐之室韋宋梁之蒙兀相繼起與循至大元稱帝誠如梁任公先生所謂猶旋風之驟起大漠飛沙走石不可一世爲蒙古民族最發達時期洎後明之韃靼羣紛東西清之改設盟旗郡封王公又爲蒙元子孫沒落餘年細溯蒙古之根源初亦不過一小部落迨南宋哈布勒崛起拒金而獨立至成吉思統一歐亞威震東西是爲蒙古民族最光榮時代然而目今蒙族之衰危與夫外强之環廹凡我却特後裔能勿今昔之感故編者不揣謭陋特製以此表與拙著蒙古列世傳相輔而行要在希望今後蒙古人士數典驚心相與奮勉以期解除國難而謀所以共存共榮之道蓋匪僅以取材詳盡藉供研究蒙古史者補助已也

編者謹識

蒙古世系表目錄

蒙古世系表

孛爾特赤那 唐室韋部

孛爾特赤那 唐室韋部
必特赤干 —— 特馬撒
特黑撒克兒 —— 乞乙撒彼兒干
札里察爾墨爾根 —— 古速博勒郭爾羅爾
也克爾敦 —— 珊錫赤
哈里哈爾楚 —— 朵奔蔑兒干
伯古訥特
布兒古訥特
不袞哈塔吉
不固撒兒只
孛端察兒
哈其兒台
巴哈里歹
合必赤
占兀列歹
土敦邁寧
瑪哈土丹
海都汗
拜桑古兒
赴勒黑錫見
更都赤那
烏魯克勒赤那
俺巴孩汗
哈丹太石
抄真斡兒帖該
托塔乃汗 —— 托木巴該
札克兌
八林昔刺禿合來
哈出里
撒巴哈準
博丹阿庫兒格
哈不勒汗
烏圖爾伯吉
布爾察兒
乞乙汗台斡赤斤
甘勒巴兒哈合
抄兒哈禿月兒克
拙赤撒別乞
巴爾坦把阿禿兒
忽圖禿黑土蒙克兒
泰出
忽都剌哈汗
合丹巴阿禿兒
土丹斡赤斤
拙赤罕
火忽察兒
蒙丹禿乞顏 —— 孟格圖撒辰
捏坤太石 —— 阿勒坦
耶速該巴圖爾
答里台斡赤斤
鐵木真
哈布圖哈撒爾
合赤溫
鐵木格斡赤斤
布格別力格圖
拙赤
察哈台汗
窩闊台汗 —— 貴由汗
拖雷
蒙哥汗
忽必烈汗 —— 太子真金
答剌麻八剌
鐵木耳 —— 甘麻剌
也孫鐵木耳
海山
愛育黎拔力八達
碩德八剌
和世㻋
圖帖木耳
懿璘質班
妥歡帖睦爾
阿裕錫哩達喇
脫古思帖木耳汗
恩克卓里克圖汗
額勒伯克尼古埒蘇克齊汗
都古楞帖木耳鴻台吉
阿寨台吉
岱總汗
阿噶巴爾濟
滿都古勒汗
哈爾古楚克
巴延蒙克
巴圖蒙克
蒙古勒克哷青吉斯汗
阿寨台吉
坤帖木耳汗
額勒伯克依帖木耳
德勒伯克汗

達延汗

- 達延汗在位七十四年享壽八十歲卒
  - 圖魯博羅特早亡
    - 博第阿拉克一名布赤汗
      - 納密克
        - 貝瑪土謝圖
          - 青都拔　為敖漢部祖
          - 額森偉徵　為奈曼部祖
      - 達賚遜庫登汗　為浩濟特部祖
      - 庫克齊圖墨爾根　為蘇尼特部祖
      - 翁袞都喇爾　為烏珠穆沁部祖
      - 圖們汗
        - 布延徹辰汗
          - 莽和克早亡
            - 陵丹汗天聰八年甲戌兵敗走死　世牧察哈爾部
  - 烏魯斯博羅特裔不著
  - 巴爾蘇博羅特
    - 衮必里克圖子九　為鄂爾多斯祖
    - 俺答一名阿勒坦汗
      - 黃台吉一名乞慶哈
        - 奢力克
          - 博碩克圖汗一名卜失兔　為土默特部祖
  - 阿爾楚博羅特
    - 和爾朔齊哈薩爾
      - 烏巴什即偉徵諾顏　為扎魯特部祖
      - 蘇巴海　為巴林部祖
  - 阿齊爾博羅特　為克什克騰部祖
  - 格埒森扎賚爾琿台吉游牧喀爾喀部

哈布圖哈薩爾

- 哈布圖哈薩爾
  - 也古
  - 阿兒哈孫
  - 也生奇
  - 奈莫根
  - 勢格都爾
  - 阿克薩噶勒泰
  - 阿魯克特穆爾—再五傳
    - 圖們吉雅戌齊
      - 鄂爾圖布延圖
      - 錫拉奇塔特
      - 多爾濟　爲茂明安部祖
      - 布爾海　爲烏喇特部祖
    - 奎蒙克塔斯哈喇
      - 巴袞
      - 昆都倫岱青爲阿魯科爾沁部祖
      - 諾延泰　爲四子部落祖
    - 博地達賴
      - 諾們達賴
      - 哲格德爾
      - 圖們
      - 喇嘛什希爲科爾沁右翼後旗祖
    - 齊齊克
      - 翁果岱
        - 奧巴　爲科爾沁右翼中旗地祖
        - 布達齊　爲科爾沁右翼前旗地祖
      - 納穆塞
        - 莽古斯　爲科爾沁左翼中旗地祖
        - 明安　爲科爾沁左翼後旗地祖
        - 洪果爾　爲科爾沁左翼前旗地祖
      - 烏巴什
        - 莽果
          - 布木巴　爲郭爾羅斯前旗地祖
          - 固穆　爲郭爾羅斯後旗地祖
      - 愛納噶　爲杜爾伯特地祖
      - 阿每　爲札賚特地祖
  - 烏魯克特穆爾—九傳
    - 博貝密爾薩
    - 洪果爾
    - 哈納克土謝圖　爲和碩特西右翼中旗祖
    - 拜布噶斯
      - 鄂齊爾圖
      - 阿巴賴　爲西套厄魯特祖
    - 昆都倫烏巴什
      - 爲珠勒都斯和碩特四旗地
    - 圖魯拜琥 號固始汗
      - 達延
        - 爲青海和碩特（南左翼後旗、南右翼後旗、北前旗）三旗祖
        - 亦爲察哈爾和碩特之二旗祖
      - 鄂木布
        - 爲青海和碩特（南左翼末旗、南右翼末旗、北右末旗、西右前旗）四旗祖
      - 達蘭泰
        - 爲青海和碩特（前左翼首旗、西左翼中旗）二旗祖
      - 巴延阿布該阿玉什
        - 爲青海和碩特（東上旗、阿拉善旗）二旗祖
      - 伊勒都齊
        - 爲青海和碩特（前首旗、南左翼中旗、南右翼中旗）三旗祖
      - 多爾濟
        - 爲青海和碩特（西前旗、西後旗、北左末旗）三旗祖
      - 瑚魯木什
        - 爲青海和碩特（北右翼旗、西右翼後旗）二旗祖
      - 桑噶爾札
        - 爲青海和碩特北左翼一旗祖
      - 袞布察琿
      - 達什巴圖爾
        - 羅卜藏丹津
        - 隸內蒙古正黃旗
      - 色稜阿坦巴圖
        - 爲青海和碩特西左翼後旗一旗祖

合赤温

合赤温
- 阿勒赤歹
- 察忽剌
- 哈剌忽兒——哈丹
- 騰格納哈兒——十餘傳至
- 蒙克察罕
- 巴顏岱洪果爾——再傳
  - 圖蘭　爲翁牛特左旗祖
  - 棟岱青　爲翁牛特右旗祖

布和畢勒格圖

布和畢勒格圖
- 巴雅思瑚布爾古特
- 塔爾尼古特
  - 諾密特默克圖——孫
  - 多爾濟伊勒登
  - 色稜墨爾根　爲阿巴哈納爾左、右二旗祖
  - 棟思伊勒布
- 素僧克　爲阿巴該左旗祖
- 楊古岱　爲阿巴該右旗祖

札爾楚泰喀喇沁部

札爾楚泰(元臣)
濟拉瑪　七傳至
和通
格勒博羅特
格呼勒泰塞桑
圖魯巴圖爾
圖琳固英
色棱　爲左旗祖
恩克
準圖
鄂黙克圖
莽古岱　爲土黙特左旗祖
曾孫蘇布地
萬丹偉徵
額璘臣
茂秀　爲中旗祖
固魯思齊布　爲右旗祖

孛罕 科布多杜爾伯特準噶爾部

孛罕(元臣)
烏格齊哈什哈
額色庫
瑪哈穆
脫歡
額森 一名也先
博羅納哈勒
額斯墨特 七傳至
和多和沁號巴圖爾琿台吉
為準噶爾祖
額什格泰什 三傳至
達賴泰什
敏珠爾裔不著
垂因
陀因
鄂木布岱青和碩齊
察袞
丹津
阿喇布坦
達克巴
剛多爾濟 為前右旗祖
車凌烏巴什 為前旗祖
車臣台吉
固里什達
車凌 為特固斯汗旗祖
保伊爾登
鄂爾囉斯
札布
唐古特
達什敦多克 為中下旗祖
恭錫喇 為中後左旗祖
巴特瑪多爾濟
蒙和岱
扎勒
琿托和爾車凌
色布騰 為中左旗祖
達賴
巴圖蒙克 為中後旗祖
烏勒木濟
剛 為中前旗祖
恩克
根札布
班珠爾 為中前右旗祖
額布根 為中前左旗祖
額璘沁巴圖爾
蒙克第
巴圖蒙克
馬什巴圖 為中上旗祖
根敦 為中右旗祖
車本
巴爾 為中後右旗祖
伯布什
車凌蒙克 為中旗祖

翁 罕 土爾扈特部

翁罕(一元臣)
阿爾薩朗
阿穆古郎
克依邦
素 塞
巴雅爾
瑪哈齊蒙克
貝果鄂爾勒克
翁 貴
額濟納
特穆納
阿玉什
阿勒達爾
達爾札 爲青海南前旗祖
拜 博
丹 忠 爲青海南後旗祖
珠勒扎幹鄂爾勒克
徹衮察布察齊
保蘭阿噶勒琥
莽 海
阿畢岱保齊
格呼勒圖
博地蘇克
垂多爾濟和碩齊
巴 坦
索諾木喇布坦多爾濟 爲青海南中旗祖
色棱吉斯扎布
鄂齊爾
色特布諾爾布 爲青海西旗祖
額濟納泰什
者索各圖
丹津陀音
陀 察
札 曼
札噶察
舍 棱 爲新右旗祖
巴圖爾烏巴什
沙喇扣肯 爲新左旗祖
和鄂爾勒克
書庫爾岱青
羅卜藏諾顏
噶勒達瑪
巴勒布
敦多克
默們圖 爲西路旗祖
朋素克
納木策凌
納札爾馬木特
多爾濟
阿喇布珠爾 爲額濟納祖
羅卜藏
巴木巴爾 爲東路右旗祖
葉木沁
奇布騰 爲東路左旗
阿玉奇
沙克都爾札八
衮札布
敦羅卜旺布
噶爾丹諾爾布
策伯克多爾濟 爲北路旗祖
阿克薩哈勒 爲北路左旗祖
莽格車凌 爲北路右旗祖
敦囉布喇什
巴 圖
多爾濟喇什
伯爾哈什哈 爲南路左旗祖
唐阿特
哈木齊克
拜濟瑚 爲南路右旗祖
額默根烏巴什 爲南路中旗祖
渥巴錫 爲南路汗祖

格埒森札賚爾札薩克圖汗部

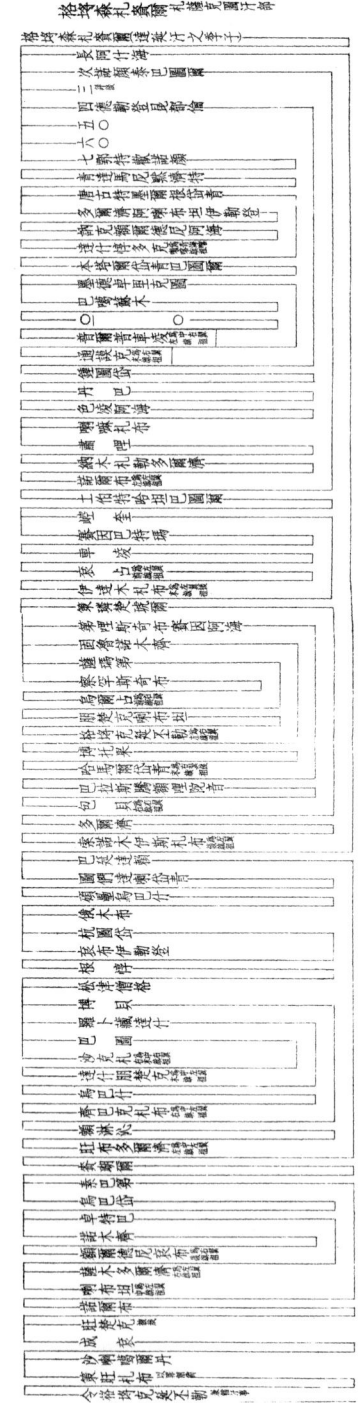

格埒森札賚爾（達延汗之季子）
長阿什海
次諾顏泰巴圖爾
三（詳後）
四德勒登昆都倫
五○
六○
七鄂特歡諾顏
青達馬尼默濟特
唐古特墨爾根岱青
多爾濟阿喇布坦伊勒登
訥克額爾德尼阿海
達什惇多克（為右翼青海嚕嚕旗祖）
本塔爾岱青巴圖爾
墨德卓里克圖
巴噶蘇木
○
普爾普車凌（為中右翼左旗祖）
○
通謨克（為右翼末旗祖）
鍾圖岱
丹巴
色凌阿海
喇嘛札布
蕭哩
納木札勒多爾濟
諾爾布（為左翼左旗祖）
土伯特哈坦巴圖爾
崆奎
賽因巴特瑪
車凌
袞占（為左翼前旗祖）
伊達木札布（為左翼後末旗祖）
策璘楚琥爾
第哩斯奇布賽因阿海
固魯諾木齊
薩瑪第
察罕斯奇布
烏爾占（為右翼前旗祖）
朋楚克喇布坦
格埒克延丕勒（為右翼左旗祖）
博托果
哈馬爾岱青（為右翼後末旗祖）
巴拉斯騰額哩陀音
包貝（為右翼右旗祖）
多爾濟
索諾木伊斯札布（為左翼後旗祖）
巴延達賴
圖們達喇岱青
碩壘烏巴什
俄木布
杭圖岱
袞布伊勒登
根惇
松津僧格
博貝
羅卜藏達什
巴圖
沙克札（為中右翼右旗祖）
達什朋楚克（為中左翼末旗祖）
烏巴什
齊巴克札布（為中左翼右旗祖）
額淋沁
旺布多爾濟（為中左翼左旗祖）
賚瑚爾
素巴第
烏巴岱
卓特巴
諾木齊
額爾德尼袞布（為右翼後旗祖）
薩木多爾濟（為左翼右旗祖）
喇布坦（為左翼中旗祖）
諾爾布
旺楚克（被殺）
成袞
沙喇噶爾丹
策旺札布（以罪削爵）
令格埒克延丕勒（兼轄汗事）

諾諾和二音諾顏什部

- 諾諾和（札薩圖爾第二子）
  - ○
  - ○
  - ○
  - 四圖蒙肯
  - 五巴　賚
  - 噶爾瑪
  - ○　○
  - 素泰伊勒登
  - 阜特巴
  - 丹津喇嘛
  - 車　凌
  - 羅雅克
  - 濟雅克
  - 扎木木
  - 察斯喜布
  - 丹　津
  - 畢瑪里吉里帝
  - 錫納喇克薩特
  - 桑噶爾札
  - 扣　肯
  - 袞　布
  - 都噶爾札布
  - 喇布坦
  - 墨爾根
  - 車　登
  - 濟納彌達
  - 沙喀伊爾都齊
  - 齊巴克塔爾
  - 達木濟特
  - 布　尼
  - 阿里雅
  - 畢齊噶什
  - 丹津額爾德尼
  - 納木札勒
  - 策　凌
  - 恭格喇布坦
  - 成袞札布
  - 車布登札布
  - 扎木蘇
  - 巴　圖
  - 納木札勒
  - 伊達木
  - 阿玉什
  - 塔斯喜布
  - 瑪哈達爾多爾濟
  - 羅卜藏
  - 索達尼
  - 多爾濟
  - 善　巴
  - 德克德赫
  - 旺楚克
  - 達什敦多布
  - 車凌達什
  - 喇嘛札布
  - 德沁札布
  - 諾爾布札布
  - 齊旺多爾濟
  - 第二子索諾木和爾齊
  - 烏巴達
  - 托多額爾德尼
  - 本塔爾
  - 圖　巴
  - 色旺諾爾布
  - 巴　海
  - 諾爾布札布

諾諾和土謝圖汗部

- 諾諾和（扎賚爾子）
  - 長阿巴岱
  - 次阿巴瑚
    - 昂噶海
    - 喇瑚里
      - 本塔爾
      - 色爾濟
        - 敖巴
          - 禮塔爾 爲後右旗祖
          - 諾內 爲右翼左旗中右末旗祖
    - 袞諾布太
      - 固魯什喜
        - 從弟車凌 爲中右末旗祖
        - 長多爾濟阿喇布坦 爲前右旗祖
        - 成袞扎布 爲中旗祖
        - 從侄子開木楚克 爲中右末旗祖
        - 從侄子遜都布 爲左翼中旗祖
  - 錫布固泰
    - 額列克
      - 袞布
        - 察琿多爾濟
        - 西第什里
          - 喇布爾
            - 巴郎 爲前左旗祖
          - 辰丕勒多爾濟 爲中右末旗祖
          - 丹津多爾濟 爲中旗祖
          - 三達克多爾濟 爲左翼中左旗祖
        - 噶爾丹多爾濟 爲中旗祖
          - 多爾濟額爾德尼阿海 爲土謝圖汗旗祖
          - 班第達額爾德尼納木扎勒
            - 車凌巴勒 爲中右末旗祖
            - 從侄子車木楚克納木扎勒 爲左翼右旗祖
            - 從侄子朋楚克喇布坦 爲右翼左後旗祖
        - 班珠爾多爾濟 爲右翼右旗祖
      - 旺車
        - 錫布哈坦巴圖爾 爲末右翼左旗祖
        - 青多爾濟 爲右翼右末次旗祖
        - 巴海 爲右翼右末旗祖
        - 從侄子車凌扎布 爲中左翼末旗祖

鄂托歡諾顏車臣汗部

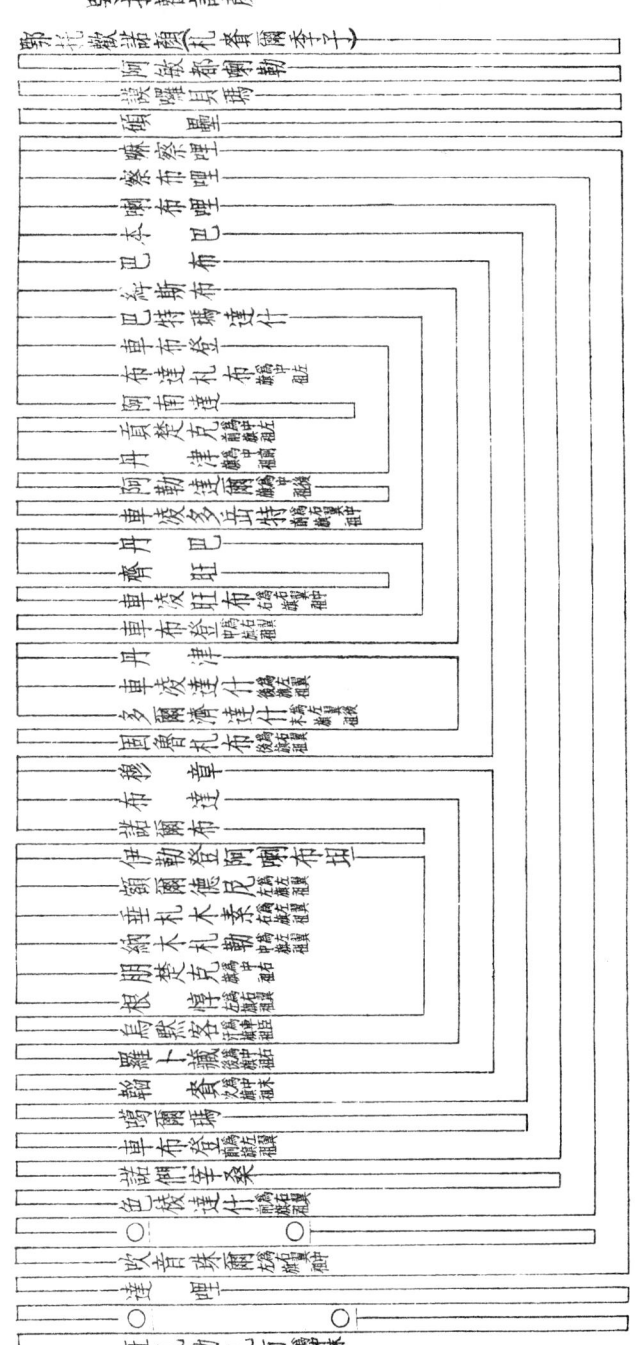

鄂托歡諾顏（札賚爾季子）
阿敏都喇勒
謨囉貝瑪
碩壘
嘛察哩
察布哩
喇布哩
本巴
巴布
綽斯布
巴特瑪達什
車布登
布達札布（爲中左旗祖）
阿南達
貢楚克（爲中左前旗祖）
丹津（爲中前旗祖）
阿勒達爾（爲中後旗祖）
車凌多岳特（爲右翼中前旗祖）
丹巴
齊旺
車凌旺布（爲右翼中右旗祖）
車布登（爲右翼中旗祖）
丹津
車凌達什（爲左翼後旗祖）
多爾濟達什（爲左翼後末旗祖）
固魯札布（爲右翼後旗祖）
穆章
布達
諾爾布
伊勒登阿喇布坦
額爾德尼（爲左翼左旗祖）
垂札木素（爲左翼右旗祖）
納木札勒（爲左翼中旗祖）
朋楚克（爲中右旗祖）
根惇（爲右翼左旗祖）
烏默客（爲車臣汗旗祖）
羅卜藏（爲中右後旗祖）
谿賚（爲中末次旗祖）
噶爾瑪
車布登（爲左翼前旗祖）
諾們宰桑
色稜達什（爲右翼前旗祖）
○
吹音珠爾（爲右翼中左旗祖）
達哩
○
旺札勒札布（爲中末右旗祖）

中華民國二十三年九月出版
（蒙古世系表一册）
（定價大洋一元六角）

編輯者 蒙古克興額
印刷者 上海武進圖書印務局
出版者 南京蒙藏旬刊社